나이 듦

"유한성의 발견"

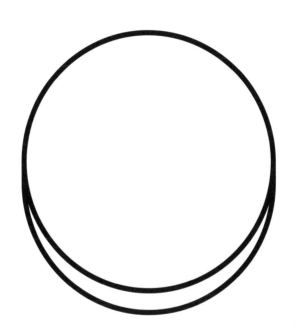

나이 듦

최은주 지음

은행나무

들어가며

1장　우리와 그들

2장　존재론적이거나 생물학적이거나

나이 듦과 늙어감

> 우리는 나이를 가지고, 나이 역시 우리를 가진다. 나이를 가지는(나이가 드는) 것이 살아 있음을 뜻하듯 노화의 기호는 동시에 삶의 기호이기도 하다.
>
> 마르크 오제

'나이 듦'은 비슷한 어휘 몇 가지와 혼용된다. '노화', '늙어감', '늙음'이 바로 그것들이다. 한자어와 한글이라는 차이도 있지만 '나이 듦'은 '노화', '늙어감', '늙음'과는 다르게 포괄적인 의미를 지니거나 뉘앙스를 완화시키는 것처럼 보인다. 태어나는 순간부터 나이가 들기 때문에 나머지 어휘들은 '나이 듦'에 포함된다고 할 수도 있다. '나이 듦'은 '나이 든다'를 명사로 표현한 것으로, 연속되는 시간의 의미보다는 명사의 성질처럼 고정시킨 상태에 더 가까워서 어느 정도의 연륜을 예상하게 된다. 20대를 '나이 듦'의 범주에 넣을 사람은 없을 것이다. 그렇다 해도 '상대적인' 나이 듦과 '상대적인' 늙음이, '절대적인' 나이 듦과 '절대적인' 늙음이 분명히 있다. 연령에 대한 경험은 각자가 다르지만, 국내 노인 기준 연령은 65세로, 1964년에 도입되어 지금까지 유지 중이다. 한편 만 60세 환갑을 기념하는 전통적인 행사는 오래 이어지다가 지금은 거의 사라졌다. 그 이유로 평균 수명의 연장을 꼽겠지만, 건강 수준이 향상되고 환갑이라는 나이가 '늙음'을 표상하는 것에 대한 불편함이 주된 이유일 것이다. 악단까지 불러 성대하게 치러지던 환갑 잔치는 늙음을 공식적으로 인정하는 행사였던 것이다. 2015년에 실시한 노인 연령 기준 상향 조정에 관한 설문조사에 따르면, 65세 이상 성인 응답자 중 적정한 노인 연령을 70세 이상이라고 답한 비율이 70%를 넘는다. 65세 이상을 대상으로 한 최근의 비슷한 조사에서도 유사한 경향이 드러났다. 이는 지하철 무임승차 등의 혜택이 있는 경로우대 연령 기준을 65세에서 70세로 상향하자는 사회적 논의에도 영향을 미칠 것이다.

　나이 듦은 한 살을 더 먹는 경험을 통과하여 늙어감과 교차하면서 내적·외적 변화를 가져온다. 그 속에는 더 젊은 세대와의 문화적 차이, 개인의 육체 변화의 시작이 포함된다. 더 자주 아프기 시작하고 회복력도 떨어지면서 정신적으로도 영향을 미친다. 분명한 병명의 질병이 아니더라도 육체의 모든 부분이 쇠퇴하기 시작하며 알게 모르게 피부, 관절, 뼈, 근육에서 변화가 일어난다. 이것은 행동적으로도 시각적으로도 경험되고 확인된다. 자신에게서, 타인에 의해서 평균 나이보다 먼저 또는 늦게 눈에 띄며, 처음에는 증상이 생길 때마다 질병에 대한 의심 때문에 진료를 통해 원인을 찾고 병인지 아닌지를 확인하려 한다. 진단 결과가 단순하게 '노화의 초기 증상'이라고 판명되는 경우가 드물지 않다. '환자분 나이에는 당연한 통증입니다'라는 말을 듣는 식이다. 당연하다고 하면서 '환자'로 분류하는 것은 아이러니가 아닐 수 없다. 이런 경험을 거친 후에 개인은 이미 늙어 있으며 관심의 바깥에 놓인다. 이렇듯 나이 듦은 개인에게 낯설고 불편한 경험이다. 가끔 보거나 몇 년 동안 만나지 못했던 지인은 과거의 내 얼굴에 더 익숙하다. 따라서 서로를 보면서 익숙했던 옛 모습을 찾으려고 한다. 그런 타인의 반응에서 나는 나의 변화를 확실하게 깨닫게 된다. 외관의 변화를 타인을 통해 확인할 경우 사람들은 정신적으로도 영향을 받는다. 이때의 외모는 나의 건강 상태와 식습관과 생활 태도를 전부 반영한다. 생리적인 변화와 사회생활의 면모가 전부 반사되는 것이다. 나이 듦 자체의 부정적 측면은 부정적인 인상을 반영하기 때문이다.

　이처럼 사람은 시각적인 인상에 크게 좌우된다. 시각적으로 변화를 일으키기 시작한 외모가 스스로를 무력하게 만드는 첫 번째 단계다. 육체 곳곳의 변화와 질병의 고통이 시작되면 자유롭지 못하다. 점차 늙기 시작하고 사교적이지 않은 환경에서 오랜 시간을 보내면서 젊을 때와는 다른 태도가 만들어질 수 있다. 늙은 세대를 가리킬 때 통상적으로 고집, 가난, 느림이 수식된다. 전부는 아니지만 이것들이 삶에 전면적으로 닥쳐온다. 인류 문명은 분명 여러 질병을 치료할 수 있게 발전하였고, 위생, 영양, 보건 등의 발전은 수명을 연장시켰다. 수명 연장의 기술은 문명의 승리임이 분명하지만 정작 노인의 삶이 윤택해진 것만은 아니다. 노인을 향한 차별과 학대가 과거에 없었던 것은 아니지만 지금은 노인에 대한 비뚤어진 시각과 혐오가 심화되었고, 사회 문제로 대두되고 있다.

그러나 무엇보다 개인에 따라 나이 듦은 천차만별일 수밖에 없다. 내가 느끼는 몸은 분명 이전의 내 몸과는 다르다. 따라서 운동을 하고 영양제를 섭취하며 이전의 몸 상태를 되찾으려 하거나 피부 관리, 화장품, 보톡스, 레이저 치료로 변화되는 외모를 멈추려고 한다. 성형수술까지는 아니더라도 보톡스 또는 필러 시술로 이마와 입가의 주름을 감추는 것 정도는 더 이상 특별한 일로 여겨지지 않는다. 보톡스 가격이 저렴해진 것이 수요가 충분함을 증명하는 만큼 대부분의 사람들에게 큰 거부감을 주거나 관심거리가 되지 않는다는 말이다. 그러나 노화는 지속되고 가속화된다. 그 과정에서의 완경完經*은 좌절과 우울, 여러 신체 변화를 동반하는 것으로 알려져 있다. 나이 들면서 생긴 질병은 회복 후에도 외형적으로나 심적으로나 완치를 기대하기 어렵다. 질병의 이름이 여럿 있지만 노화 과정에서는 평범한 노화와 질병의 징후가 동반되는 경우가 있다. 수명이 늘어난 만큼 만성질환의 가능성도 커진 것이다. 알츠하이머, 파킨슨병, 황반변성,** 관절염, 심장병, 뇌졸증, 암은 특히 노화 과정에서 관찰되는 질환이다. 이렇다 보니 노화를 만성질환의 최우선 위험 인자로 보게 되었다. 노화는 그렇게 질병과 외모의 변화를 몰고 온다. 이렇게만 바라보면 노화와 나이 듦은 부정적인 서사에 머무를 수밖에 없다.

이는 나이 듦을 오로지 제3자 입장에서 노화와 묶어서만 생각하기 때문이다. 나이 듦을 연상할 때 우리는 늙음 그 자체를 먼저 떠올리며, 그다음으로 체력 저하와 같은 신체 변화를 떠올린다. 특별히 아프지 않더라도 체력 저하는 스스로를 나이 드는 몸으로 인식하게 만든다. 거울은 어떻게 해도 좋아지지 않는 혈색과 주름을 사실적으로 비출 뿐이다. 자신의 얼굴이 변화하고 체력이 저하했음을

---

*   월경이 완전히 끝난다는 뜻이다.

**   망막의 중심부며, 물체의 상이 맺히는 황반에 변성이 생긴 질환. 시력 저하와 시야의 중심 부위가 구부러져 보이는 변시증이 나타난다. 방치하면 실명에 이를 정도의 심각한 질환이다.(기사 「노화 현상 VS 질병 신호」-(헬스조선) 2017년 4월 24일 게재).

인정하는 순간부터 자기 조절은 중요해진다. 사실 나이 듦은 육체와 정신이 함께 쇠락하는 것으로 개인이 감당하기에는 힘겨운 일처럼 느껴진다. 그러나 이 또한 노화의 전반적인 개념에 더 가깝다. 나이 듦에서 얻어지는 여러 직업적 성취와 경력은 그 사람을 중견의 전문가 위치에 놓이게 한다는 점에서 인생 전반에도 성취감을 준다. 왕성하고 노련한 수행 능력이 정점에 다다르는 시점이 오는 것이다. 그런데도 나이 듦에 대한 인식은 육체적 쇠락과 노화에 더 치중되어 있고, 그 장점은 별개의 것으로 받아들여진다.

결정적 순간

개인에게는 자신을 중심으로 한 삶의 시간도 있지만 사회적인 시간이나 역사적 시간과도 관계를 맺고 있다. 동일하거나 비슷한 사건을 경험한 세대만이 공유하는 시간이 있는 이유다. 나이 들어가는 과정은 사회적으로 나이에 맞는, 나이와 가장 닮은 행동과 말, 태도를 유형화한다. 어린아이가 흔히 보이는 행동을 성인이 되어서도 보인다면 모두가 의아해하고, 누군가로부터는 다음과 같은 한마디를 들을 것이다. "어린애처럼 왜 그래요?"

나이가 더 많다는 것은 그저 먼저 태어났음을 의미하지 않는다. 먹은 밥그릇 수가 많고 더 많은 경험을 한 만큼,

그 나이에 기대되는, 즉 '어른다운' 행동, 태도, 책임에 대한 요구가 있다. '어른답다'는 것은 연령에 맞추어 요구되는 성숙함이다. 사람들은 몸뿐만 아니라 나이를 통해 개인을 판단하는가 하면, 개인은 나이에 맞는 대접을 받지 못할 때 불쾌해하면서도 나이보다 젊어 보인다는 말을 들을 때 흡족해한다.

너그러움, 여유가 추가되는가 하면, 나이가 들수록 시간이 부족하다는 생각에 마음이 바빠지고 조급해지고 아직은 막연한 시간의 유한성에 대한 생각이 시작된다. 그러나 이때의 유한성은 죽음 자체라기보다는 직업적 한계, 실업, 퇴직과 더 관련이 깊다. 이미 늙어버린 것과는 다르게 나이 드는 경험은 자신에게 인생 숙제가 있는 것처럼 뭔가를 이루지 못한, 따라서 앞으로 이루어야 한다는 결심을 불러일으킨다. 점차 불투명해지는 것 같은 자신의 존재감을 의식하면서 목소리를 내고 주장하고 싶은 이 모순의 어디쯤에 나이 듦이 있다.

나이는 시간과 절대적인 관계를 맺으며 모든 순간에 영향을 미친다. 따라서 나이 듦은 특별한 사건이 아닐 수 있다. 나이 드는 것과 늙어가는 것은 별개의 것이 아니라 구분이 어려운 어디쯤에 포개져 있다. 태어나는 순간부터 늙기 시작한다거나 삶은 자궁에서 시작되는 내리막길*이라는 말이 우스갯소리가 아닐지도 모른다. 시간과 육체 사용의 정도에서 경험되는 변화에 나이 듦과 늙어감이 있다. '세월'이라는 이름을 붙여도 좋을 것이다. 세월의 관점에서 보면 모든 세대가, 모든 사람이 나이를 먹고 나이 들어가는 경험을 한다. 생애 주기에서 보면 모든 사람이 경험하는 것이지만 절대적으로 개인의 실존적인 문제인 것이다.

사람은 대체로 수數에 대해 민감하다. 29세에서 30세가 될 때의 충격은 49세에서 50세나 59세에서 60세가 될 때의 충격보다 훨씬 클 수밖에 없다. 처음으로 나이 듦이 가시화되는 시기이기 때문이다. 인생에서 어쩌면 나이에 대해 가장 진지하게 의식하는 때가 29세라는 것에 대부분 반대하지 않을 것이다. 30세에 초점을 맞춘 책이 출간되었던 것도 그러한 이유에서다. 나이는 그렇게 숫자 이상의 의미를 확보한다. 무엇보다 30세가 주는 이미지는 삶의 결정적 순간이나 20대에 세운 목표가 성과를 낼 시점이라는 자의식을 안팎으로 경험하는 때 등 매우 중요한 시기로 표현된다. 따라서 사회적 문화적으로 나이에 영향을 받는 것은 40세, 50세, 60세만으로 한정지을 수 없다.

프랑스 작가 프랑수아즈 사강Françoise Sagan은 《브람스를 좋아하세요…》(1959)에서 주인공 폴의 나이를 서

---

* 짐 크레이스, 《그리고 죽음》, 김석희 옮김, 열린책들, 2002, 48쪽 참조.

른아홉 살로 설정했다. 이 소설을 썼던 당시 사강은 스물네 살이었다. 한편 영국 작가 버지니아 울프Virginia Woolf는 나이 듦을 실존적으로 느끼는 연령을 50세 이후로 보았던 것 같다. 《등대로》(1927)의 램지 부인은 쉰 살, 《댈러웨이 부인》(1925)의 클라리사 댈러웨이는 쉰한 살이었다. 《등대로》는 평범한 날의 며칠 또는 하루에 한정지어 삶 전체를 관통하는 이야기를 담고 있다. 죽음, 결혼, 전쟁과 같은 인생 주기의 굵직한 사건을 한두 줄로 다루고 있으나 평범한 어떤 하루에 대해서는 수백 쪽을 할애하고 있다. 《등대로》와 《댈러웨이 부인》은 각각 버지니아 울프의 나이 마흔셋, 마흔다섯에 쓴 작품이다. 프랑수아즈 사강과 버지니아 울프가 자신들의 나이와는 다른 인물을 주인공으로 설정한 것은 흥미롭다. 동일한 나이의 주인공은 자서전적인 한계에 빠질 수 있다는 생각에서였을까? 이처럼 각자의 나이에서 다른 연령의 인물을 바라보는 것이 인생 주기를 객관적인 시선으로 바라볼 수 있는 방법일 수도 있다. 스물넷의 프랑수아즈 사강은 마흔에 가까운 나이를 섹슈얼리티의 한계점으로 바라보았을 가능성도 있다. 40대의 울프는 더 이상 섹슈얼리티에 연연하지 않으면서도 여성의 역할, 어머니의 역할에서 자유롭지 못한 50대의 여성을 등장시켰다. 적어도 그 나이라면 인생을, 인간을 이야기할 수 있을 것이라고 생각했던 것 같다.

이 두 저자의 관점에서 알 수 있는 것은 상실과 완숙함이라는 나이 듦에 대한 이중성이다. 신체적, 경제적, 사회적 측면의 삶이 개선되지 않은 채로 수명만 늘었다면 축복이 아니라 사회 전반과 특히 개인에게 불안을 드리우는 변화일 것이다. 고독과 가난을 직접적으로 경험해야 할 가능성이 커졌으며, 과거로부터 노화와 죽음이 문명의 칼날에 의해 도시 외곽으로 추방되었던 것처럼 노화와 죽음에 대한 두려움은 길어진 노년기를 불행하게 만들 가능성이 있다. 이런 모습은 젊은 세대에게 또한 공포를 불러일으킨다. 노년층에 대한 경제 부양, 돌봄 서비스가 정부의 복지 시스템하에 운영되고 있지만 경제적 여건이 최하로 분류되는 계층에서는 여전히 가족의 돌봄에 의존하고 있다는 점도 나이 드는 것에 대한 불안과 공포를 키운다고 할 수 있다. 가족 부양이 아닌 경우, 1인 가구의 증가에 따라 나이 듦에는 독거의 의미가 담기며, 홀로 삶을 이어가야 한다는 문제가 개인에게 오롯이 남는다. 노년이 외로운 이유는 평생 일로 엮인 인간관계에만 치우쳐서 정작 친구로 남는 사람이 적고, 죽음은 나이와 상관없이 찾아오므로 가까운 사람들이 점차 부재하는 상황에 처하기 때문이다. 직간접적으로 죽음이 가까이 느껴지는 것이 비슷한 연배의 노인을 싫어하는 이유이기도 한데, 그 모습과 행동 양식이 자신을 거울처럼 비춰 보도록 만드는 것이다.

시간의 유한성

세월은 이 순간에도 흐르고 있다. 매일, 매주, 매월, 매년 나이가 들어가고 있다. 매일 비슷한 방식의 삶을 살고 있지만, 외부의 현상과 내면의 고뇌는 시시각각 충돌하며 나를 흔든다. 변화를 감지하지 못한 채 우리는 서서히 변한다.* 외모뿐 아니라 마음가짐, 태도, 말, 생각이 변화한다. 몸은 늙어도 '마음만은 그대로'라는 표현은 잘못된 것이다. 자기 경험은 사람을 규정한다. 늙기 싫다는 것은 대개 나이를 한 살 더 먹는 그 자체에 대한 반감이며, 나이를 한 살 더 먹는다는 것에는 그만큼 몸을 사용한 데 대한 비용이 외모와 건강에 영향을 미친다는 것이다. 우리는 늙기 싫어하며 늙음의 경험을 알고 싶어 하지 않는다. 80세를 맞이한 어머니는 20년 전쯤 이렇게 말씀하셨다. "이대로 아프지도 늙지도 않고 살다가 갔으면 좋겠다." 아직 늙지는 않았지만 젊지도 않은 60대의 어머니는 직관적으로 나이듦의 과정에서 노년에 들어서는 중이라고 느꼈던 것이다.

늙고 싶지도 죽고 싶지도 않은 인간의 마음은 400여 년 전의 다음 시에서도 드러난다.

---

* 허마이오니 리, 《버지니아 울프 1: 존재의 순간들, 광기를 넘어서》, 정명희 옮김, 책세상, 2001, 33쪽 참조.

만약 우리가 세계와 시간을 충분히 가지고 있다면
여인이여, 이 수줍음은 죄가 되지 않을 겁니다.
우리는 앉아서 어디로 걸을지, 우리의 긴 사랑의 나날
을 어떻게 보낼지 생각해볼 겁니다.

당신은 인도 갠지스강에서 루비를 찾으세요, 나는 험
버Humber 강가에서 원망에 찬 불만을 토로하겠습니다.
홍수가 나기 10년 전부터 나는 당신을 사랑할 것이고,
원한다면 유대인이 기독교로 개종할 때까지 거절하십
시오.
나의 식물 같은 사랑은 제국보다 훨씬 더 거대하게,
그리고 훨씬 느리게 자랄 것입니다.
백 년 동안에는 그대의 눈을 찬양할 것이고, 이마를
바라보는 데 100년을 사용하겠습니다.
당신의 가슴 하나씩을 흠모하는 데 200년을 사용하겠
습니다.
그 나머지 부분에 3만 년의 시간을 사용하겠습니다.

당신의 모든 부분을 찬양하는 데 적어도 한 시대를 사
용하겠습니다.
왜냐하면 여인이여, 당신은 그럴 만한 자격이 있기 때
문입니다.

나는 이보다 못한 상태로 당신을 사랑하지는 않을 것입니다.

그러나 나는 항상 내 등 뒤로 날개 달린 시간의 마차가 질주하는 소리를 듣습니다.

그리고 저기 우리 앞에 광활한 영겁의 사막이 놓여 있습니다.

앤드루 마블Andrew Marvell의 〈그의 수줍은 여인에게 To His Coy Mistress〉(1682)는 인간의 유한성을 뛰어넘을 유일한 방법으로 현재의 사랑을 제안한다. 사랑의 순간은 그 자체로 영원한 것처럼 인식된다. 프랑스의 사상가이자 소설가 조르주 바타이유Georges Bataille가 이야기한 '작은 죽음'에 해당하는 에로티즘과도 부합한다. 언제 어떤 위험이 닥칠지 모르는 인간의 삶은 온통 죽음으로 가득 차 있다. 진짜 죽음에 대한 공포를 초월할 수 있는 것은 세상을 온통 섬광에 젖게 하는, 마치 소멸되는 것 같은 흥분과 황홀에 빠지는 것이다. 앤드루 마블의 시에서 "내 등 뒤로 날개 달린 시간의 마차가 질주하는 소리를 듣습니다"는 시간의 유한성을, "우리 앞에 광활한 영겁의 사막이 놓여 있습니다"는 죽음의 암시임을 어렵지 않게 알 수 있다. 그리고 그것에 대한 보상은 오르가슴이다. 그런 점에서 앤드루 마블의 시에서 사랑은 욕망이자 유혹의 다른 말이기도 하다.

이처럼 삶은 시간과 부합한다. 시간이 무한하기만 하다면 인생이 권태로울 수 있다. 영원히 살 수 있다는 것만으로는 아무 의미가 없다. 영국 시인 토머스 엘리엇Thomas Stern Eliot의 《황무지》(1922) 첫 부분에 나오는 무녀 이야기가 그 사실을 뒷받침한다. 앞날을 점치는 능력으로 이름을 날리고 아폴로의 사랑을 받게 된 무녀 시빌Sibyl은 그의 사랑을 받아주는 대가로 소원을 들어주겠다는 아폴로의 말에 영원히 살게 해달라고 한다. 무녀에게 영원히 산다는 것은 어떤 의미일까? 소원대로 1천 년의 삶을 얻지만 소원을 말할 당시 젊었던 무녀는 다른 조건을 잊고 말았다. 결국 그녀는 늙고 메마른 몸뚱이로 제대로 걸을 수도 없는 상태로 변해 새장 속에 들어가 목숨을 연명하는 신세가 된다. 시장에서 구경거리가 된 새장 속 무녀는 아이들이 소원을 묻자 "죽고 싶어!"라고 말한다. 젊게 영원히 살게 해달라고 소원을 빌지 않았다는 것이다.

이때 '젊음'이라는 조건에 포함되어야 하는 현대적 조건이 몇 가지 있다. 건강, 일, 여가, 경제력, 사회적 역할, 인간관계 등이다. 〈타임Time〉이 2010년에 조사한 바에 따르면, 100세 이상의 고령 인구도 다른 노인 인구처럼 아프기는 하지만 오히려 돌봄 시간이 적고, 치료비도 적게 든다고 한다.* 이들은 대체로 건강하며 일, 사회적 역할, 인간관계를 이어가고 있기 때문이다. 이처럼 의학 기술이 질병을 발견하고 예방과 치료약을 발명하여 인간의 수명 연장에 기여한 바가 크다 해도 고령의 삶에서 요구되는 조건이 충족되지 않는 한 오래 산다는 문제는 또 다른 문제를 낳을 수밖에 없다.

"시간이 없다I don't have time"는 내레이션으로 시작되는 SF영화 〈인 타임In Time〉(2011)은 늙지는 않지만 1년 후에는 죽을 운명을 부여받은 사람들이 살기 위해 수명을 버는 모습을 그린다. 값비싼 이자를 치르며 시간을 대출하고, 커피를 마시기 위해서는 자신의 팔에 새겨진 시간 중 4분을 지불해야 한다. 영화 속 윌 살라스Will Salas의 엄마는 스물다섯의 외모로 25년을 살았지만 50세 생일을 앞두고 손목의 수명을 채우지 못하여 죽는다. 빈민가 사람들은 매순간 팔에 새겨진 시간을 확인해야 하며, 시간을 벌려고 뛰어야 한다. "시간이 많다면, 시계를 그만 보겠죠"라는 말은 가난한 사람들의 절박한 모습을 대변한다. 윌은 위험한 상황에 처한 헨리 해밀턴을 구해 주고 100년이 넘는 수명을 선물로 받지만 눈앞의 엄마조차 살리지 못한다. 결국 여러 사건과 사고를 겪은 후 영화가 끝날 즈음 윌은 하루치의 시간만

*   기사, Alice Park, 「How To Live 100 Years」-〈Time〉, 2010년 1월 22일 게재.

을 수명으로 남겨두게 된다. 이때 그는 "하루면 할 수 있는 일이 많다"고 말한다. 그렇게 그는 어쩌면 순간에 지나지 않을 수도 있는 하루를 이어가며 삶을 지속할 것이다.

팔에 새겨진 초록색의 수명 시계가 아니더라도 삶의 유한성은 변하지 않는다. 영화 속에서만 죽음이 쉬이 오는 것은 아니다. 앤드루 마블은 그러므로 사랑을 나누는 순간에서 영원을 찾았고, 버지니아 울프는 언제 끝날지 알 수 없는 삶의 한가운데에서 '평범한 날의 평범한 마음'에 귀를 기울였다. 그렇듯 유한한 삶 속에서 사람들은 각자의 방식대로 다른 꿈을 꾼다. 인간에게 여러 스토리텔링이 있는 것도 영화나 소설의 장르가 여럿인 것도, 자기 경험치의 현실만으로는 삶이 허무하며 인간의 무한한 욕망을 채울 수 없기 때문이다.

이 책은 이전에 출간한 《죽음, 지속의 사라짐》(2014)과 《질병, 영원한 추상성》(2014)의 연장선에 놓여 있다. 모든 세대가 나이 듦을 겪는다는 것에서부터 시작하며, 나이 듦이 개인에게 어떻게 받아들여지고 또 해석되는지에 대해 다룬다. 어떤 연령에서도 나이 듦이 인식되며, 그 인식은 바로 살아 있다는, 삶의 한가운데 있다는 증거다. 프랑스의 인류학자 마르크 오제Marc Augé도 말한 바 있는 '삶의 기호'인 것이다.* 이런 점에서 나이 듦에 대한 것을 달리 조명하는, 인생 전반을 거치고 통과하는 '과정'에 대한 성찰이라 할 수 있다. 젊은 시절의 갈등, 진로 문제, 사랑을 통과한, 그런대로 괜찮은 정서적 안정기로 접어드는 시기를 노년기라고 볼 수도 있으나[**] 나이 듦은 어느 인생 주기에 있든 바로 그 사람에게만 유일하고 절대적인 것일 수 있다. 사회학적으로 통계화·표준화된 인생 주기보다 스스로 느끼는 인생 주기는 다양하고 예상 밖의 일들로 가득하다. 그리고 그 주기를 거쳐, 결국 모두가 예외 없이 늙고 죽는다. 이 모든 것을 느끼고 겪어내는 것이 인간이다. 인간은 순간과 이어지는 순간을 느끼며 지속한다. 어떤 한 순간은 개인에게 영구한 것이 될 수 있다. 그런 점에서, 기억은 중요한 능력이다.

　이 책에서 나는 나이 듦이 반드시 상실만이 아니며, 쌓이는 경험에 따른 숙련과 성숙이라는 점을 부정하지 않더라도, 그것을 나이 듦의 장점인 것처럼 과장하지는 않을 것이다. 익숙해지거나 능숙해지는 것, 그로 인하여 어떤 자유로운 경지에 도달할 것이기에 의미 없지 않다고 주장하지도 않을 것이다. 대신 나이 듦의 풍경은 그저 부정과 상실의 어휘로만 수식되는 것이 아니라 모든 삶이라 할 수

---

[*]　마르크 오제, 《나이 없는 시간: 나이 듦과 자기의 민족지》, 정현목 옮김, 플레이타임, 2019, 112쪽 참조.

[**]　최은주, 「한국 사회의 노화 인식과 노년 담론」, 《에이징 월드-Will you still love me tomorrow?》, 서울시립미술관, 2019, 18쪽 참조.

있으며, 이러한 이야기를 통해 독자가 자신의 삶과 타인의 삶을 통해 세계를 사유하는 데 좀 더 가까이 다가설 수 있었으면 한다.

①

우리와 그들

30세

30세에 접어들었다고 해서 어느 누구도 그를 보고 더 이상 젊지 않다고 말하지는 않으리라. 하지만 그 자신은 일신상 아무런 변화를 찾아낼 수 없다 하더라도 무엇인가 불안정하다고 느낀다. 스스로를 젊다고 내세우는 게 어색해진다.[*]

사람들은 29세에서 30세에 삶에 변화가 있거나 또는 있을 것이라고 기대한다. 나이에 대한 이런 의식은 지금보다 과거에 더 분명했다. 29세, 30세에 특별한 감정을 느낀다면 자기 인식 때문만은 아닐 것이다. 30세가 되었을 때 안정적으로 자리를 잡고 있느냐, 별 볼 일 없는 채로 남아 있느냐 하는 것은 자신들에게도, 사회적으로도 문제다. 30세 이전의 청년에 대해서는 독립성과 자기 방식대로 일할 줄 아는 융통성, 열린 사고, 다양한 경험, 다면성을 높이 샀다가도, 일단 서른 고개를 넘어서면(정확히 서른을 분기점으로) 미래의 동반자들에게 확실한 안정성, 시간 엄수, 진지한 태도, 자기 통제와 같은 것을 증명하도록 요구한다.[**]

[*] 잉게보르크 바흐만, 《삼십세》, 차경아 옮김, 문예출판사, 1995, 15쪽.

[**] 조르주 페렉, 《사물들》, 김명숙 옮김, 펭귄클래식코리아, 2014, 60쪽 참조.

29세에서 30세로 이행하는 것은 자발적이지 않은, 시간을 따르는 자동적인 변환이니만큼 개인의 의도와 목표는 사회적 의도와 목표를 내재화했다고 할 수 있다. 따라서 개인적으로도 어떤 절박함, 위기감을 느낀다. 이 시점을 잘 통과하지 않으면 인생 전체가 바뀔 수 있다고 생각하는 경우도 많다. 그러나 29세, 30세, 31세가 더 이상 젊지 않다고 할 수는 없고 이때 감정이 갑자기 변해야 한다거나 달라야 한다고 강요할 수도 없다. 보통은 어떤 큰 사건이라고 부를 만한 경험 이후에 나이를 받아들이거나 삶에 대한 태도가 바뀌곤 한다. 육체는 특별히 노화를 느낄 만한 큰 질병을 경험하지 않는 한 아주 느리게 변화할 것이므로, 그보다 훨씬 뒤에야 육체적인 나이 듦을 감지할 수 있다. 육체적인 나이는 그렇다 해도 30세는 정신적으로 어떻게든 하나의 전환점이다. 직장과 결혼, 거주할 집과 출산 문제가 그 나이를 둘러싸고 관여한다. 이전과 달라진 점이 있다면, 취업이 어려워진 만큼 자립이 불분명한 청년기가 길어졌다는 것이다. 취업과 독립이 거의 동일하게 여겨지므로 실업은 결혼을 늦추거나 포기하게 만든다. 늦은 나이까지 부모의 집에서 부모의 지불 비용에 기대어 경제적 자립, 결혼, 출산의 표준적 삶에서 벗어나는 모습을 보인다. 캥거루족이라는 용어가 유행할 만큼 과거보다 유아적이며 주체적 삶의 책임에서 벗어났다는 사회적 우려를 사기도 한다.

30세 전후로 성취해야 할 것으로 여겨졌던 취업, 결혼, 출산 문제가 대화 내용에서 피해야 할 이슈가 된 것은 그런 이유에서다. 기성세대가 설계한 세계가 청년 세대의 삶을 어렵게 만들었고 취업과 실업을 반복하는 상황이 시대의 책임이라고 여기면서, 청년들은 많은 것을 포기하고 있다. 청년들은 자기 삶을 결정할 수 있는 자유라고 하는 자기 선택적 상황을 박탈당했으며, 따라서 그들은 사회적 통념을 거부할 선택권이 자신들에게 있다고 주장한다. 그들은 이제 장기간의 실업 상태에서 임시 수입원에 기대어 살아가는 방법과 혼수 및 집에 들어가는 비용 지불에 기초한 결혼을 거부하는 삶을 선택하기도 한다. 이렇게 보면, 청년들에게는 선택의 자유가 없는 것이 아니라 선택을 하지 않는 자율권을 선취하게 되었다고 볼 수 있다. 따라서 어른들은 더 이상 청년과의 일방적인 관계를 유지하거나 요구할 수 없게 되었다. 특정 나이를 개념화한다든가, 취업, 결혼 여부에 대해 질문할 수 없는 환경에 놓이게 된 것이다. '어째서 아직 취업을 못하고 있느냐'나 '결혼할 때가 되지 않았느냐'라는 구세대의 질문은 스스로 나이 든 '꼰대'임을 자처하는 것으로 보일 뿐이다. 물론 일방적인 대화 자체가 문제임을 제기해야 하지만, 이런 내용의 대화가 아예 불가능해진다면 많은 것들이 우리의 삶의 중심에서

누락될 가능성도 있다. 기성세대와 청년세대의 공존은 가족 관계 또는 직업 관계에서만 유지되고 있으며, 그 외에는 거의 교류가 없다고 할 정도로 두 세대 사이에 인간적 연대감을 형성하는 것이 어려워졌다.

　　최근 몇 년 동안 나는 대학 수업에서 개인적인 이야기는 물론이고, 직업이나 삶에 대해 학생들과 깊이 있는 이야기를 나눠볼 시도조차 하지 못했다. 이런 이야기는 종교와 정치처럼 서로 피해야 할 주제가 되었다. 청년실업 시대의 도래가 공공연하게 기성세대의 잘못이라는 뭇매를 맞으면서, 나 역시 학생들의 스펙이나 삶의 태도에 관해 이야기하는 것이 수업 시간을 축내는 것 같아 움츠러들었다. 멘토가 부모나 스승, 선배가 아니라 자신이 좋아하는 사람이 맡는 시대가 되었다. 기성세대는 청년들의 독립을 요구하면서도 삶의 방향에는 표준화된 정답의 형태로 개입하는 모순을 보여왔기 때문이다. 따라서 연장자와는 세대 차이 때문에 진정한 이야기를 나눌 수 없다고 판단하는 경우가 늘었다. 그렇다면 기성세대로부터 분리된 다른 커뮤니티와 사회 영역을 형성할 때 청년세대는 현명하고 신뢰할 만한 상대를 찾을 수 있는지, 자기 선택으로 행해지는 결과들이 스스로를 자유롭게 하는지도 생각해 봐야 한다. 자유. 이 단어에 뒤따르는 것은 책임이다. 자유롭게 자신이 하고자 하는 일을 추구할 뿐 아니라 실패에서도 자유롭다. 자유롭기 때문에 내가 무언가를 떠맡으려는 행동을 금지당하지 않을 것이라고 확신할 수 있으나 내가 하고자 하는 행동이나 원하는 대상을 통해 반드시 내가 기대하던 이익을 얻을 수 있다는 보장은 없다.[*] 자유에도 제한이 있다.

오스트리아 시인 잉게보르크 바흐만Ingeborg Bach-mann의 《30세》(1961)에서 '그'는 30세까지는 모험을 하고 이겨야 하며, 아직 요령을 터득하지 못한 시기라고 생각한다. 30세는 '마침내 올 것이 오고야 마는' 것이지만, '다시 한 번 뛰어 나갈' 결심이 가능한 때다. 다른 인간이 될 수 있다는 기대를 품을 수 있는 때인 것이다. 그런 기대와 희망은 시대적 상황이라기보다는 존재론적인 것이다. 삶의 주체로서 시대적·사회적 상황과 궤를 달리하는 시간과의 맞섬 같은 것이다. 그런 면에서 비슷한 시간들의 집합이 30세에 이르고 30세를 아무 의미 없이 통과해서는 안된다는 수적 강박관념은 인간을 인간적이게 한다. 강박관념을 부정적으로만 볼 것이 아니다. 패배든 도피든 나이를 인식한다는 것은 엄청난 발견이다. 스케줄러에 임시로 고정시킨 압정을 떼어 조정하듯이 자신을 가다듬는 시점이 되기 때문이다. 행복이 반드시 실패 없음을 의미하는 것은 아니다. 실패와 좌절은 여러 번 압정을 떼어낸 스케줄러에

[*]   지그문트 바우만, 《자유》, 문성원 옮김, 이후, 2002, 12쪽 참조.

생긴 자국처럼 그 사람만의 모양을 만들어준다. 매끈하지 못한 울퉁불퉁함과 상처가 나이에 새겨진다.

30세를 넘기면서 다른 선택을 한 친구들과 분명한 차이가 생겨나고 그만큼 비교가 된다. 비교는 20대에 대한 후회를 가져온다. 30대, 구체적으로 32세의 한 여성을 상상해보자. 그녀는 대학 졸업 후 취업을 했고, 연애에서 어려움을 겪지 않은 것은 아니지만 결국 결혼을 했고, 결혼이 자신에게 안정적인 삶을 보장해 줄 것이라고 기대했다. 그런 그녀가 오히려 결혼 이후 방황하기 시작했다. '아무 일 없음'이 오히려 그녀를 견디기 어렵게 했다. 도전이 없는, 안정적이기만 한 생활에서 일이 주는 성취감도 배우자와의 관계에서도 특별한 무엇을 기대할 수 없었던 것이다.

현재 삶에 대한 적절한 긴장감과 자극을 가져다주려면 장애물이 있어야 한다는 유명한 이야기가 있다. 트리스탄과 이졸데의 경우처럼 장애물이 있는 사랑이 더 애틋하고 긴장감을 가져올 수 있기 때문이다. 트리스탄과 이졸데는 중세 유럽 연애담의 주인공이다. 두 사람은 사랑에 빠지는 음료를 마셔 서로를 사랑하게 되는데, 음료의 유효기간은 3년이었다. 그 기간이 지나자 마침 그들에게 이별이 찾아왔다. 이졸데가 정혼자와 결혼을 하게 된 것이다. 따라서 사랑의 유효 기간을 경험하기도 전에 이별과 남편이라는 장애물이 트리스탄과 이졸데의 애틋한 감정을 유지할 수 있게 했다. 두 사람 사이를 가로막는 장애물이 그들의 사랑을 더욱 절실하게 만드는 역할을 한 것이다.

32세의 평탄한 삶은 오히려 그녀에게 좌절과 삶의 실패를 맛보게 하는 듯했다. 지금까지의 삶이 스스로 원해서 결정한 것이라기보다 부모님을 실망시키지 않기 위해서, 다른 사람의 눈에 어떻게 보일지 신경 쓰며 살아온 결과로 느껴졌다. 그러나 모든 것이 32세에 결정되어야 하는 것은 아니다. 의사결정권이 자신에게 있는 만큼 자유가 있다. 직장을 그만두고 다른 직장을 찾을 수도 있고, 이혼을 생각할 수도 있다. 그녀는 20대에 가지 않은 길에 대한 후회 말고도 아직은 인생을 리셋할 시간이 있다고 말했다. 그녀의 말은 틀리지 않다. 물론 용기가 필요하고 또 다른 실패에 대한 두려움이 동반될 것이다. 후회할 가능성도 있다. 모두 선택의 자유가 짊어져야 할 것들이다.

그러나 그녀는 다른 결정을 내렸다. 일주일에 두 번, 한 시간씩 온전히 자신의 호흡과 몸에 집중하고 땀을 내어 에너지를 소비하는 운동을 시작한 것이다. 그 시간은 어떤 막연한 걱정으로 자신을 흔들지 않는 유일한 시간이다. 그러면서 시간이 소중해졌고, 그만큼 나이 드는 자신의 미래에 대해서도 기대를 갖게 됐다. 단순히 타인에게 잘 보이기 위해 자신을 희생하는 것이 아니라 조율하는 노력도 할 줄 알게 된 것이다. 그녀가 볼 때 나이 듦의 긍정적인 측면은 자신에게 제대로 된 투자를 할 수 있게 된 것이다. 자신의 만족도를 중요한 가치로 여기면서 소비에 정당성을 부여할 수 있었다. 그렇게 경제적 능력을 확인하고 소비를 통해 나이 듦이 세련되고 냉정한 태도를 익혀 가는 것이라는 생각에 이르렀다. 무엇보다 의식하지 않아도 성실히 진행되는 것, 어떻게 살았고 살아가고 있고 살아가야 하는지를 보여주고 알려주는 것이 나이 듦인 것이다.

30대가 갖는 나이 듦에 대한 생각은 상당히 추상적일 수 있다. 나이에 대한 생각을 의도적으로 잠시 물끄러미 바라본 것이기에, 젊음에 대한 욕망이 고통스럽게 담겨 있지 않다. 30대가 바라본 자신의 나이는 아주 젊지도 않지만 늙은 것도 아닌 어중간함이며, 어느 쪽에도 섞이지 않은 자유로운 상태다. 나이는 의식한다고 의식되는 것이 아니다. 직업, 여행, 공부, 독서, 수집, 향유와 함께 살아오다 어느새 오십 세가 되었다는 마르크 오제의 이야기에서도 알 수 있듯, 나이는 수동적이었다가 어느 순간 숙명적이 되는 것이다.[*]

---

[*] 마르크 오제, 《나이 없는 시간 : 나이 듦과 자기의 민족지》, 정현목 옮김, 플레이타임, 2019, 51쪽 참조.

끝나지 않는 시작

어떻게 살았는지, 살아가고 있는지, 살아가야 하는지를 보여준다는 점에서 나이 듦은 분명 신체적인 노화 또는 늙음에 방점이 찍히는 것이 아닌, 삶의 전반에 흔적을 남기는 여러 방점이라고 할 수 있다. 《댈러웨이 부인》에서 클라리사 댈러웨이는 51세에 접어들어 인생 전반을 돌아보고, 자신이 선택하지 않은 사람과 그로 인해 바뀐 삶을 되짚어 본다. 이 책은 제1차 세계대전이 끝난 직후인 1925년에 출간되었다. 울프는 그녀를 '이제 그녀는 이 세상 누구에 대해서도 이렇다 저렇다 말하는 일은 없으리라'라고 묘사하는데, 이것은 나이 듦을 인식하면서 비로소 가능해지는 자기 성장이다.

1920년대 51세는 21세기의 51세와는 또 다를 것이다. 고령화가 가속되고 있는 지금의 나이 듦은 분명 짧지 않은 여정에 놓여 있다. 육체와 정신의 쇠퇴, 가족 또는 타인과의 관계, 경제적 문제와 고독이 깊게 드리우고, 이러한 문제를 가족이나 타인과 나누는 것이 아니라 혼자서 오롯이 느끼고 감지해야 한다. 직면한 여러 문제로 인해 복잡한 현실 상황에 처하게 되면서, 현대에는 '피로'가 모든 세대에 걸쳐 있다. '제대로' 늙어야 한다는 생각은 사회적 담론이 개별 인간에게 주입한 기술적인 방법이다. 누군가는 노후 준비를 마치 입시 준비를 하는 심정으로 해야 한다고 토로한다. 무엇보다 나이 듦의 주체는 그 누구도 아닌 '자기 자신'이어야 하며, 나이 듦에 대한 인식 또한 스스로가 부여해야 한다. 의미 있는 것과 의미 없는 것은 객관화될 수 없으며, 다만 자신의 기억 속 또는 기억 너머 어떤 영역에 그때 무엇을 했는지가 남아 있을 뿐이다.

12월과 1월 새해를 맞으며 갖는 감정은 4월과 5월을 지날 때의 감정과는 다르다. 엇비슷한 일상이 흘러감에도 불구하고, 특히 30세가 되는 시점에 각성에 가까운 어떤 인식에 이르는 것이다. 앞서 이야기했듯 숫자가 인간에게 강박관념을 갖게 만든다. 관습적인 수적 개념이 체화되어 있기 때문이다. 프랑스 철학자 장 그르니에Jean Grenier 는 그의 책 《섬》(1959)에서 생일에 대해 비슷한 이야기를 하고 있다. 그에 따르면 생일은 나이는 한 살 더해지고, 살날은 한 해 적어짐을 의미한다. 그는 생일을 기념하는 바캉스를 가졌는데, 바캉스는 프랑스어로 방학, 휴가, 휴식 vacances을 뜻하지만 공백, 부재, 공석vacance이라는 뜻이기도 하다. 곧 '비어 있음'을 의미한다. 그는 두 번째 의미인 '일체의 행동이나 사고나 의사 교환이나 오락을 하지 않는' 바캉스를 가졌다. 시간을 중단시키고자 한 것이다.*
그러나 시간을 중단시킬 수는 없다. 장 그르니에는 잠과 깨어 있음 사이의 몽롱한 상태가 불가항력적인 연속성에서 벗어나게 하면서도 연속성에서 벗어나 있다는 행복한 의식을 잃지 않고 지니게 해 준다고 말한다.

　한시도 쉬지 않고 눈과 손을 바삐 움직이는 '피로사회'에 귀속된 우리에게는 이런 상태가 가능해 보이지 않는다. '피로사회'의 의미는 반드시 직업 상태를 말하는 것이 아니다. 모바일 환경은 현실 세계 그 이상을 손 안의 스마트폰으로 끌어모은 기술 혁명임에 틀림없다. 그러나 우리의 '쉼'은 20세기에 TV에 빼앗긴 시간과는 비교할 수 없을 정도로 많은 시간을 빼앗겼다. 장 그르니에가 말하는 '쉼'은 완전히 비어 있음이다. 생소한 장소에서 생소한 사람들과 마주치는, 일상과는 다른 공간에서의 낯선 공존이 서로를 지탱해주는 듯한 감각을 주는 일에 대한 것이다. 이러한 비어 있음은 시간을 중단시킬 수는 없어도 시간을 확장시킬 수는 있다. 생소한 장소에서 생소한 사람들과의 마주침은 손님의 태도를 스스로 익히게 해줄 뿐만 아니라 관찰하게 만들며, 나의 태도와 언어에 반응하는 타인을 통해 나를 알아가게 한다. 이런 과정은 현대인에게 견디기 어려운 체험이다. 패키지 여행이 아니더라도 스마트폰으로 명소를 찾고, 맛집을 검색할 수 있다. 항공 체크인과 좌석 예약도 이륙 전에 앱을 통해 개별적으로 해야 수속 과정이 빠르다. 도시의 어떤 누구와 대화하지 않아도 그곳이 손

*　　장 그르니에, 《섬》, 김화영 옮김, 민음사, 2007, 165~166쪽 참조.

안의 스마트폰에 담겨 있다. 이런 것에 익숙해야만 나이와 상관없이 트랜디한 사람이라 여겨진다. 햄버거 가게의 무인 주문 기계 키오스크kiosk 앞에서 화를 내거나 주문을 포기해서는 안 되는 것이다.

보통 현대인은 늙음을 직접 그리고 오래 바라볼 기회가 없다. 조부모님과 함께 사는 경우가 아니라면 매체를 통해 재현되는 늙음을 접할 수밖에 없을 것이다. 매체를 통해 재현되는 늙음은 느리고 어리석으며 고집스럽다. 드라마에서는 고약한 뒷방 노인 또는 부유층의 회장 이미지로 극단화된 경우가 많고, 뉴스 매체에서는 약품 과장 광고로 물품을 판매하는 속칭 '떴다방'의 주요 고객이자 피해자 등으로 소개된다. 이와 같은 '초라함' 또는 '촌스러움'이 투사된 노인에 대한 이미지는 일면적으로 고정시키기 쉽다. 심지어 노인의 언어 또한 정형화된다. 미디어는 그만큼 중요한 역할을 차지하고 있는데, 스스로 선별한 방송, 영화, SNS라는 점에서 주체적이라고 생각할 수도 있으나 오히려 자신이 선별했으므로 비판적 태도를 취하기가 어려워 지적으로 큰 영향을 받게 마련이다.

노년에 대한 수식은 역사적으로 '지혜로움', '현명함'도 있어 왔으나 대체로는 '쓸데없음', '탐욕', '추함'의 수식을 받아왔다. 그런데 한 공간에 노파와 청년이 마주해 있는 모습을 상상해보자. 두 사람은 나이 듦에 대한 각기 다른 생각에 빠져 있다. 나이가 많이 든 노파는 온몸으로 나이 듦을 나타내며, 청년은 그런 노파를 연민의 시선으로 바라본다. 이처럼 알베르 까뮈Albert Ca-mus의 《안과 겉》(1958)에 수록된 〈아이러니〉는 노인과 청년이 마주하는 늙음에 대한 것이다. 늙음을 재현하는 병든 노인과 그 노인을 통해 늙음을 관찰하는 청년은 같은 공간에 있지만 결코 동일시할 수 없고, 공감이 어려운 이질적인 층위에 놓인다. 노인에게 드리운 죽음의 그림자와 삶에의 집착, 자신의 이야기를 들어줄 누군가를 절대 놓치지 않겠다는 태도는 늙기 전의 우리를 두렵게 만든다. 노인에게 연민을 가졌던 젊은이는 노인이 풍기는 끔찍함을 보자마자 저주하기 시작한다. 회피하고 싶은 것은 추한 외모에만 있지 않다. 노인은 지긋지긋한 고독, 시간이 흘러도 도무지 오지 않는 잠, 허무하기만 한 신과의 대좌를 떠올리고 무서운 생각이 들었다. 인간 세계 안에서밖에 안식을 얻을 수 없어, 자기에게 관심을 표현해준 유일한 사람에게 매달려 그의 손을 놓지 않으려고 꼭 그러쥔다.[*] 그러나 저주할 만한 늙음의 요소가 완전히 나의 것이 아니라고 주장할 수 없듯이 집을 뛰쳐나와 해방감을 느끼기도 전에 청년의 시선은 노인의 형체가 어른거리는 어두운 방의 창문을 향한

---

[*]   알베르 까뮈, 《안과 겉》, 김화영 옮김, 책세상, 2000, 38쪽 참조.

다. 떼어놓은 노인과 달리 늙음의 모습은 긴 그림자처럼 자신에게도 드리우기 때문이었을까. 그렇게 청년과 노인은 관계 맺음에 실패하고 만다.

노년층에 대한 담론은 노년층 스스로의 문제면서도 다른 세대의 추측과 상상을 통해 형성되었기 때문에 소외와 상실의 과정을 겪었다. 다른 세대, 즉 다른 연령과의 '사이'는 '차이'임을 인정하거나 이해하지 못하면서 '차별'로 이어졌다. 한국 사회에서 '꼰대'가 된다는 것과 '버르장머리 없는 젊은 세대'라는 수식은 세대 간의 몰이해로부터 등장했다. 그런데 언제나 꼰대가 있었고, 젊은 세대는 항상 버릇이 없었다. 노인 세대는 젊은 세대를 보며 '우리 때는 그렇지 않았다'고 말하고, 젊은 세대는 노인 세대를 보며 '저렇게 나이 들지 말아야지'라고 말한다. 영국 BBC에도 소개된 바 있는 '꼰대'는 '자신이 항상 옳다고 믿는 나이 많은 사람'으로 해석된다. 급격한 사회변동과 가족 분리는 세대를 아우를 사이도 없이 진행되었고, 젊은 세대와 노인 세대는 서로에 대해 이해하지 못했다. 세대 간의 공통 언어도, 공유하는 문화적 환경도, 경제적 배경도 달라졌다. 그것을 이해할 시간도 없이 차별적 인식만 남았다. 한국 사회가 전통적으로 어른 존중의 사회였다면, 지금은 불통을 전면에 부각시키고 있으며 심화된 연령주의로 노인 상대의 '묻지 마' 폭행도 종종 벌어지고 있는 형편이다.

이런 갈등은 세대 간의 직접적인 교류를 통한 것이라 기보다 노년층을 사회적 짐이라고 부각시키면서 세대 갈등을 조장한 미디어의 책임이 크다. 미디어가 노년층을 담론화하는 방식은 고령화, 사회적 비용, 치매, 가족 부양, 가난, 고독이다. 노년층을 이렇게만 바라본다면 사람들이 자신의 운명도 그렇게 결정해버렸을 가능성이 크다. 노년은 다른 어떤 것이 아니라 자신과 통합된 나의 일부다.*

어른 아이

모든 아이들은 자란다, 단 한 명만 빼고. 아이들은 자기가 자라서 어른이 된다는 사실을 금세 깨닫게 된다. 웬디 역시 그랬다.

《피터 팬Peter Pan》, 제임스 매튜 배리

어른이 되는 과정의 성장통은 나이 듦과 병행되는 여러 경험의 영향을 적지 않게 받는다. 어릴 때 《피터 팬》을 읽었다면 영원히 크지 않는 어린아이를 기억할 것이다. 피터 팬은 미소년의 모습을 하고 하늘을 날아다니는 아이였

---

* 기사 「최정상 美 노화학자 "늙는 모습 천차만별이니 잘 늙는 데 투자하라"」-(조선일보) 2018년 6월 14일 게재.

다. 그가 하늘을 날 수 있고 요정을 알고 있다는 사실이 어린 독자들을 황홀하게 만든 것만 알려졌고, 성장하는 낌새가 보이는 아이가 있으면 살해하는 그의 잔인한 면모가 이야기된 것은 출간되고 훨씬 후였다. 피터 팬이 어른이 되지 않으려 했던 이유는 그가 어른이 되면 어떤 사람이 될지 아빠와 엄마가 이야기하는 것을 엿들었기 때문이다. 피터 팬의 부모가 어떤 이야기를 했는지는 끝내 알려지지 않았다. 그러나 그 일을 계기로 피터 팬은 어른이 되지 않고 평생 어린 소년으로 남아 재미있게 놀겠다고 결심한다. 반대로 사춘기 아이들은 빨리 어른이 되어 엄마의 잔소리로부터 벗어나 자유로워지고 싶어 한다. 웬디의 엄마인 달링 부인은 피터 팬을 입양하려 하자 피터 팬의 물음이 시작된다.

"저를 학교에 보내실 건가요?"

"그럼."

"회사에도요?"

"그렇겠지."

"저는 곧 어른이 되나요?"

"눈 깜짝할 새에 어른이 되지."

"학교에 가서 심각한 것 따윈 배우고 싶지 않아요. 어른이 되고 싶지도 않고요. 어느 날 잠에서 깼는데 턱밑에 수염이 자라 있으면 어떡하죠?"

아기일 때 집을 떠나온 피터 팬은 결코 어른이 되지 않는다. 정확히는 태어난 지 일주일 안에 인간이 되기를 포기했다. 어른이 되기가 죽어도 싫다는 그의 치아는 모두 젖니다. 저자 제임스 매튜 배리James Matthew Barrie에게는 어린 나이에 죽은(그래서 결코 자라지 않는)형이 있었다. 제임스의 부모님은 형이 죽었을 당시의 어린아이로만 형을 기억했으며, 엄마는 끝내 아들을 잃은 슬픔에서 벗어나지 못했다. 제임스 베리는 엄마로부터 버려진 것이나 다름없는 아이로 취급받았으며, 그 정서가 피터 팬에 투사되어 있다. 그러나 성장하지 않음에 주안점이 있는 피터 팬은 독립체라기보다는 어른들의 욕망 자체로 비친다. 저절로 어른이 되었지만 어른이 되는 순간부터 책임과 의무가 자신을 꽁꽁 묶어 버리는 사회에서 해방되고 싶은 순간의 발현처럼 피터 팬은 하나의 증상이다. 피터 팬 증후군Peter Pan Syndrome은 몸은 어른이면서 어른 세계에 끼지 못하는 '어른 아이'를 일컬어 생긴 사회적·심리적 용어다. 어른으로서 책임져야 하는 상황을 회피하고 싶은 마음에서 타인에게 지나치게 의존하는 사람의 모습을 설명하기 위해 사용되고 있다.

이러한 피터 팬 증후군을 통해 어른에게 사회적으로 기대되는 역할이 선명하게 보인다. 사회에 속하려면 어른이 되고 싶지 않은 '피터 팬'일지라도 어른 행세를 해야 한다. 입시를 치르고, 대학을 졸업하고, 취업을 하고, 결혼을 하고, 자녀를 두어야 어른 행세를 할 수 있다. 아직도 이 수순은 자연스러운 삶의 과정으로 여겨진다. 이 과정에서 한두 가지는 다른 선택을 통해 바꿔놓을 수 있지만 표준은 크게 달라지지 않았다. 한 번뿐인 인생이라는 이유로 표준과 다른 삶을 살려면 치열한 투쟁을 벌여야 한다.《피터 팬》에서 웬디는 영원한 것이 없다는 사실을 겨우 두 살 때 알게 된다. 꺾어간 꽃 한 송이를 바라보며 엄마는 "오, 이 모습 그대로 영원히 남았으면 좋으련만!"이라고 외쳤다. 그 후 웬디는 자기가 어른이 된다는 사실을 알았으며, 그렇게 모든 아이들은 자란다. 자라지 않는 피터 팬만이 "넌 도대체 누구며 무엇이냐?"는 후크 선장의 질문에 "난 젊음이자 기쁨이지"라고 답한다. 그런 피터 팬이 웬디의 딸 제인을, 제인의 딸 마거릿을 엄마로 삼는 것은 아이러니가 아닐 수 없다.

어른이 되었다고 해서 어린아이의 모습이 완전히 사라지는 것은 아니다. 어떤 순간에, 또는 어떤 사람과 함께 있을 때, 어른에게서 아이의 면면을 볼 수 있다. 솔직하다 못해 잔혹하면서도 순수한 어린아이의 순간이 닥칠 때가 있다. 그것은 어린 시절을 추억하는 것과는 다르다. 어린아이의 본성이 내면에 보물처럼 숨어 있는 것이다.

어른이 되고도 독립된 사고를 하지 못하는 것을 두고

퇴행이라고 하거나 부모에게 모든 것을 의논하는 사람을 마마보이Mama's boy 또는 마마걸이라고 한다. 이탈리아에는 마마보이의 뜻과 비슷한 '마모니Mammoni'라는 단어가 있다. 이탈리아는 전통적으로 어머니 중심의 가족주의가 이어져 왔다. 다른 여러 나라와 마찬가지로 이탈리아에서도 현대 여성들의 결혼 의지가 급감했고, 그 결과 늦은 나이까지 독신으로 남아 있는 남성의 비율이 증가했다. 늦은 나이에도 부모 집에서 함께 사는 독신 남성을 일컬어 마모니라고 부른다. 독립해도 될 만큼 경제적 능력을 갖췄는데도, 나이 든 아들이 퇴근 후 말 한 마디 나눌 사람 없이 TV 앞에서 혼자 시간을 보내는 것을 바람직하지 않다고 여기는 부모의 결정이 반영된 것이다. 마흔이 넘은 아들이 출근 준비로 일어나자마자 욕실로 들어가면, 침대 정리를 하는 어머니도 있고, 아들이 마실 주스를 만들기 위해 이른 아침부터 오렌지를 사러 가는 90대 어머니도 있다. 이를 취재하던 미국 방송사의 앵커는 신기한 표정을 짓는 것을 넘어 경악을 금치 못했다. 인터뷰에 응한 이탈리아 사회학자는 미국과는 역사부터 다른 오래된 유럽 세계에 속한 이탈리아의 전통 정서를 언급한다. 개척의 역사를 가진 미국이 어린 시절부터 개인의 독립이 강조되었던 것과는 차이가 있을 수밖에 없다고 설명한다. 한때 한국에서도 부정적인 어감으로 '마마보이'라는 말이 유행했는데, 엄마에게 모든 것을 물어보는 성인 남자라고 해서 여성들이 연애 또는 결혼에서 제외하는 대상 순위에 올라 있었다.

과거에 비해 어른이 되는 과정도 훨씬 더뎌졌다. 현대 사회에서는 의사결정권을 갖는다는 의미와 경제적으로 독립한다는 의미가 반드시 같지는 않다. 한국은 물론 미국에서조차 대학 입학과 동시에 부모의 집을 떠났다가 졸업 후 바로 취업하는 방식의 독립생활을 영위하지 못하여 다시 부모에게 경제적으로 의존하는 비율이 급증했다. 그러나 여전히 나이에 따른 나잇값의 요구는 암묵적으로 이루어지고 있다. 이것은 '무엇'인가를 이루어야 한다는 촉구다. 이때의 '무엇'은 세속적이다. 경험의 다양성과 사회적 기준에 의해 통계적으로 수치화된 연령 기준에 부합될 '무엇'이 분명 존재한다. 이것은 우리가 공적인 삶 속에 있음을 표방한다. 그 수치가 모든 사람을 일반화시킨다는 것에 동의하면서도, 사람들은 그 수치에 자신을 집어넣는다. 그 수치에 알맞게 스스로를 조절하고 꿰어 맞추려 한다. 노년층 속에도 비슷한 연령의 집단이 있다. 그 집단에서도 다른 사람의 말을 듣지 않고 자신의 이야기만 하는 사람들은 기피 대상이다.

한 세대를 30년으로 설정하고 있는 만큼 '세대감'은 연령별로 다르게 작동할 수밖에 없으며, 동년배는 그만큼 이해의 폭이 넓을 수밖에 없다. 세대generation는 같은 시대에 살면서 시대 상황 체험을 기반으로 공통의 의식을 가지는 비슷한 연령층이다. 생각하고 느끼는 방식과 행동양식이 유사하며, 같은 기억을 공유한다는 점에서 생물학적 범주뿐만 아니라 특정한 역사적 사건에 의해서도 다른 세대와 구분된다. 따라서 같은 시대를 살고 있는 다른 세대와 세대 경험이 다르다. 공통의 경험이 세대마다 상이하게 나타나는 것은 물론이다. 이러한 사정에도 불구하고 앞선 세대를 진부하다거나 젊은 세대를 버릇이 없다는 식으로 쉽게 치부하는 것은 양 세대 모두를 실패하게 만드는 과정일 뿐이다.

다른 세대를 이해하는 것은 어렵다. 기성세대만 젊은 세대를 압박하는 것이 아니라 젊은 세대 또한 기성세대를 상당히 압박하고 있다. '제대로' 늙어야 한다거나 '잘' 늙어야 한다는 것은 유행처럼 현대 사회의 윤리가 되고 있으나 이러한 표준은 기성세대가 아니라 젊은 세대로부터 나온다. 늙어본 적 없는 사람들이 노인의 나쁜 전형을 열거하고, '저렇게 늙지 말아야 한다'고 제시하는 것이 대부분이다.

사랑의 기술에 관한 수없이 많은 지침서가 출간되었음에도, 여러 번의 사랑을 거치고도 우리는 자주 사랑에 실패한다. 사랑의 경험은 복습되지 않기 때문이다. 마찬가지로 나이 드는 과정 또한 복습되지 않은 것이므로 어떤 유용한 기술을 터득할 사이가 없다. 삶이 주어진 후 바삐 살아왔고, 교육과정을 마친 이후의 성인은 나이 드는 과정에 필요한 삶의 기술과 태도를 배울 일이 많지 않다. 직업과 인간관계, 연애, 결혼 등을 통해 스스로 터득하거나 익힌 진리 정도가 그 사람의 태도를 형성한다. 그것은 그 사람의 나이 드는 과정에도 반영된다. 앞서 노인의 나쁜 전형을 열거하고, '저렇게 늙지 말아야 한다'는 생각에서 제대로 잘 늙어야 한다는 의식을 갖게 되는 것은 노년기의 장기화 현상에 따른 노인 인구의 사회적 참여 증가를 반영한 것이기도 하다.

　　반드시 직업 환경이 아니더라도 생활환경에서 중장년층과 노년층은 소비자로, 이웃으로 수적 증가 추세에 있다. 나이 드는 것이 생물학적인 과정이라고 해도 모든 행동 양식은 답습된다. 직장 상사, 부모, 친척, 이웃의 모습이 그 사람에게 반사되어 아비투스habitus가 형성되는 것이다. 나이 듦의 상태, 이른바 늙음의 태도는 이와 같이 형성되는데, 그것은 현재의 사회적 시간과 일치하지 않는다. 사람들은 대부분 자신의 세대에 맞춘 시간의 감각에 따라 나이 들기 때문이다.

　　물론 모든 사람은 나이 듦이 매 순간, 매 시간 진행 중이라는 사실을 잘 알고 있다. 새해가 될 때 특히 경각심이 생긴다. 그러나 그 경각심이란 자기 삶에 자기가 관여한 것이다. 마치 삶이라는 심부름에 나서기 위해 태어난 것처럼 여러 계획을 세우고, 결정을 내리고, 행동에 옮기기 위한 결심을 하게 되는 것이다. 계획 자체를 자주 잊으며 계획한 것들 또한 잊힌다. 시간은 인간에게 기억뿐만 아니라 망각까지 안겨 주었다. 그러나 시간이 모든 것에 대해 익숙해지게만 만드는 것은 아니다. 나이 드는 자신의 얼굴보다 가까운 사람이 나이 들어가는 모습은 그 무엇보다 시간의 경과를 시시각각 알려준다. 육체의 전반적인 쇠퇴와 기억력 감퇴를 가까이에서 지켜보는 것은 자기 동일시 때문에도 용납하기 어려운 일이다.

프랑스의 작가 아니 에르노Annie Ernaux가 《한 여자》(1988)에서 어머니를 기억하는 방식을 보면 어느 정도는 언어적으로 어머니를 고정시킨다. 제목의 '한 여자'인 그녀의 어머니는 가족을 지키기 위해 삶과 맞서 싸우면서 장사를 하지만 어느덧 늙고 치매를 앓아 요양 시설에 수용된 무기력한 존재다. 아니 에르노는 현재의 어머니를 묘사하기 위해 과거가 절대적으로 필요한 듯 어머니의 젊은 시절을 상세하게 기술한다. 기억을 소환해 내면서 쓰게 된 어머니는 때로는 '좋은', 때로는 '나쁜' 어머니였다.[*]

우리는 그녀가 보이는 어머니를 향한 태도와 말을 통해 그녀의 어머니가 어떠했는지를 짐작한다. 아니 에르노는 어머니의 죽음 바로 그 시점에 어머니의 삶을 회상한다. 이제 다시는 이 세상 그 어느 곳에도 존재하지 않는 어머니에 대해 아니 에르노는 다음과 같이 쓰고 있다. "어머니가 보지 못할 첫 번째 봄이라는 생각이 자아내는 빈틈." *** 그리고 아니 에르노의 상상이 만들어 낸 어머니는 젊은 여자가 되었다. 그녀의 말대로 어머니에 대한 진실을 찾아나서는 여정은 "가족적인 것과 사회적인 것의 접점에, 신화와 역사의 접점에 위치한다." ****

나이가 들어 늙고, 더는 세상에 존재하지 않을 때 죽음이 의미화된다면, 그것은 아마 남아 있는 사람들이 자신의 기억을 편집한 탓일 것이다. 나는 아버지, 어머니가 80세가 된 이후에도 당신들의 조부모와 부모, 형제, 친척, 친구에 대해 말씀하시는 것을 듣는다. 그분들 중 내가 만난 적이 없거나 알지 못하는 분도 더러 있다. 그러나 아버지, 어머니를 통해 내 기억에 없는 조모님과 외조부님을 만난다. 인간에게 있어 이야기는 그렇게 시간을 거슬러 여러 세대를 여행한다. 어쩌면 동시대의 각기 다른 세대가 서로를 이해하는 정도보다 문헌과 이야기를 통해 읽고 듣는 훨씬 오래전의 세대로부터 공감을 느낄 때가 적지 않을 것이다. '그땐 그랬지'의 옛날 이야기는 저자의 목소리를 타고 나

*　아니 에르노, 《한 여자》, 정혜용 옮김, 열린책들, 2012, 62쪽 참조.

**　위의 책, 17쪽.

***　위의 책, 19쪽.

오는 책 속에서 더욱 진실하게 전해질 때가 있다. 아니 에르노조차 어머니가 살아 계실 때 세대 차를 더 많이 겪었다. 그러나 먹고사는 문제로 억척같이 살아오신 어머니의 초상은 나와 관계 맺지 않는 만큼의 거리 때문에 숭고하고 아름답다.

이렇게 볼 때 나이 듦에서 자기 서사가 중요해질 수 있다. 살아 있는 내가 있어야만 시간도 존재하는 것이다. 나의 주인이 나라는 사실을 느껴볼 새도 없이 내가 몸담고 있는 사회에서 사회적으로 기대되는 방식의 몸에 대한 당위성만 강조하게 되면, 결국은 타인의 목소리와 사회적 담론만 남는다. 물론 인간은 사회에 속하면서, 타자의 눈을 통해 자신이 어떤 대상인지를 쉴 새 없이 추측하고 타자에게 어떻게 보이는지 확인하고 싶어 한다. 그러나 타자는 우리가 어떤 의미인지를 이야기해줄 수 없다. 주체는 항상 자신이 속한 문화에서 이해되는 바에 따라 의미를 추측할 수 있을 따름이다.[*]

---

[*] 레나타 살레츨, 《선택이라는 이데올로기》, 박광호 옮김, 후마니타스, 2014, 177~179쪽 참조.

존재론적이거나
생물학적이거나

얼굴

그러나 흐르는 시간이 두려웠다. 브루턴 부인의 무표정한, 그 돌 같은 얼굴 위로 시곗바늘이 움직이고 있었다. 한 해 한 해 잘려져 나간 그녀의 인생은 얼마 남아 있지 않았고, 그 남은 삶도 젊은 시절처럼 삶의 색과 맛과 분위기를 즐기며 보내긴 어려우리라. 젊은 시절에는 어느 방에 들어서면 방 안이 자신으로 가득 차는 듯했다. 그래서 들어서기 전 문턱에서 잠시 머뭇거리며 종종 황홀한 전율을 느끼곤 했던 것이다.

《댈러웨이 부인Mrs. Dalloway》, 버지니아 울프

〈아이러니〉의 청년처럼 노인에 대한 연민에 더하여, 노년을 슬프고 언짢고 고독하다고 추측하여 극단적인 선택을 한 60세의 제레미아 드 생타무르*처럼 모든 것을 생략해버린 사람도 있다. 그 이상의 나이 듦은 두려운 경험일 것이라는 추측에서다. 물론 이 모든 감정을 가슴에 담고 사는 것이 삶의 책무라고 생각하는 사람도 있다. 나이 듦도 결국은 살아 있음의 기호인 것이다. 거울에 비친 자신의 모습을 보는 것으로도 또는 나를 따로 떼어내어 저만

---

*   가브리엘 가르시아 마르케스의 《콜레라 시대의 사랑》(1985)에서 절대로 노인이 되지 않겠다고 결심하고 60세에 목숨을 끊은 인물.

치 두고 바라다보는 것으로도, 나는 객관화되며 내가 가진 습성과 고집, 행동, 말씨가 보인다. 그것은 썩 유쾌하지만은 않은 나에 대한 경험인 동시에 삶 전체를 조망하는 방법이기도 하다. 즉, 개인의 시간에 '어째서 나이를 의식하는가' 하는 문제가 담겨 있다.

가브리엘 가르시아 마르케스Gabriel Garcia Marquez의 소설 《내 슬픈 창녀들의 추억》에서 90세 노인은 자신의 생애를 10년 단위로 돌아본다. 50대에는 대다수의 사람들이 자신보다 나이가 적음을 발견했고, 60대에는 더 이상 실수할 시간이 남아 있지 않을 거라는 걱정에 열심히 살았으며, 70대에는 인생의 마지막 기간일 수도 있다는 불안에 끔찍했다고. 한편 《댈러웨이 부인》의 클라리사 댈러웨이는 제1차 세계대전으로 상실감을 느끼고 당시 유행하던 스페인 독감을 앓아 병색이 깃든 인물이다. 그녀 곁엔 다행스럽게도 남편과 딸이 남아 있음에도 존재론적으로 지독한 소외를 겪었던 것처럼 누구나 내적으로 견뎌야 하는 개인적인 고독이 있다.

《댈러웨이 부인》에서 전쟁에서 자식을 잃은 폭스크로프트 부인, 제1차 세계대전에 참전했다가 트라우마를 겪는 남편 옆을 지키는 루크레치아나, 건강을 잃고 사교적인 삶에서 예외가 된 클라리사처럼 관심을 받았던 환경에서 비켜서야 하는 경험은 상실의 다른 말일 것이다. 과거의 가장 빛나던 기억에 매달리는 것으로 만족해야 할 수도 있다. 그러나 슬픔의 감각, 인간이 죽음에 이를 수밖에 없다는 자명한 현실을 느낄 수 있다는 것 자체로 인간은 위대하지 않은가.

　나이를 먹기만 하던 나는 어느새 늙기 시작한다. 늙음은 처음이다. 몸은 나를 둘러싸고 있지만 건강할 때는 의식되지 않는다. 없는 것처럼 자유롭고 가볍다. 일상적인 두통, 복통, 감기 같은 것에서부터 사고로 인한 부상이나 질병을 경험하면서 몸은 나와 연결되어 있으면서도 다른 풍경처럼 보이기 시작한다. 내 것이지만 내 정신과는 별개로 나와 마주한 아픈 몸은 회복된 후에도 흔적을 보인다. 어느 날 새삼스럽게 나이 들어 보이는 얼굴과 주름을 발견하면, 변화된 외모 때문에 정신적인 충격을 받는다.

　나이에 맞는 행동과 옷차림 또한 나이에 알맞은 사회적 기대에 따르게 된다. 자유로운 것 같아도 나이에 맞게 입어야 한다든지, 어떻게 말하고 행동해야 하는지 요구된다. 크리스토퍼 이셔우드Cristopher Isherwood의 《싱글맨》의 조지처럼 자신에게 어떤 변화가 생기더라도 다른 사람들이 자신을 대학 교수 조지로 받아들일 수 있도록 완벽하게 분장해야 한다. 그 시간은 길고 힘들지만 남들이 어떤 변화를 알아차리고 아는 척하는 것보다 낫다.

10분도 지나지 않아서 조지는 조지가, 다른 사람들이 알아보고 다른 사람들이 이름 부르는 조지가 되어야 한다. 그래서 이제 조지는 의식적으로 애써 다른 사람들의 생각에 주파수를 맞추고 다른 사람들의 기분을 느끼려 한다. 베테랑의 실력으로, 자기가 연기해야 하는 이 역할에 맞는 가면을 기꺼이 쓴다.*

타인이 먼저 알아차리는 나의 나이 듦과 별개로 내가 자신의 변화되는 모습을 감지하기도 한다. 자신의 것이라고 할 수 있는 유일한 몸이 서서히 변화를 일으키고 마치 탈바꿈하듯이 늙어가는 경험은 낯설고 기이하다. 그것을 어떻게 받아들일지는 분명 자기에게 큰 난관이다. 의학 기술의 발전은 '아름다움'이 세계를 지배한다는 진리와 어느 정도는 내통한다. '아름다움'의 모든 동의어는 무관심적 평가와 같은 반응으로 여겨질 수 있으나, '추함'의 동의어는 대부분 격렬한 거부나 공포, 어떤 혐오감을 담은 반응을 포함한다.** 보톡스를 맞아 눈에 거슬리던 주름을 지우는 것이 정신 건강을 위한 하나의 대안이 될 수 있다고

* 크리스토퍼 이셔우드, 《싱글맨》, 조동섭 옮김, 그책, 2009, 39~40쪽.

** 움베르토 에코, 《추의 역사》, 오숙은 옮김, 열린책들, 2008, 16쪽 참조.

말하는 사람도 있다. 사실 보톡스를 맞고 안 맞고는 아무도 신경 쓰지 않는 일이 되었다. 그렇다고 나이 들어 보이지 않는 것은 아니다. 몸짓과 걸음걸이, 사용하는 언어는 찡그린 듯 보이는 주름이 없는 것을 제외하고는 연장자의 모습을 모두 보여준다.

주름은 오히려 경험을 '얻은' 데 대한 표식이라고 해야 옳을 것이다. 그 사람의 삶의 지도처럼 어떤 주름은 다정하기까지 하다. 영화 〈원더Wonder〉(2017)는 얼굴에 대한 몇 가지 생각을 하게 한다. 주인공 어기Auggie는 안면기형으로 태어나서 27회의 수술을 거쳤지만 여전히 동갑내기 친구들에게는 흉하게 보이는 얼굴을 하고 있다. 우주선 헬멧으로 얼굴을 가리고 싶지만, 그럴 수 없어 각오를 한 뒤에야 학교에 입학하지만 바람과는 다르게 학교에서 따돌림을 당한다. 어기는 집으로 돌아와 울면서 엄마에게 묻는다.

"왜 난 이렇게 못생겼어?"
"넌 못생기지 않았어."
"내 엄마니까 그러는 거잖아."
"내 생각은 엄마라서 안 중요해?"
"응."
"엄마 생각이니까 중요한 거야. 널 제일 잘 아니까. 넌 못생기지 않았어. 네게 관심 있는 사람은 알게 될 거야."

"나하고는 말도 안 하는걸. 다르게 생겼다고 그러는 거잖아. 괜찮은 척하려고 해도 그게 안 돼."

"알아."

"계속 이럴까?"

"모르겠어……. 엄마 말 들어봐. 나를 봐. 누구나 얼굴에 흔적이 있어. 이 주름살은 네 젓 수술 때, 이건 네 마지막 수술 때 생겼어. 얼굴은 우리가 갈 길과 우리가 지나온 길을 보여주는 지도야. 절대로 흉한 게 아니야."

엄마의 말이 어기의 안면 기형을 무마시킬 수는 없다. 그러나 어기는 "내 엄마니까 그러잖아"라고 말하면서도 엄마의 설득을 받아들인다. 자신이 못생기지 않았다는 다른 진실이 존재한다는 것을 엄마의 입을 통해 믿고 싶은 것이다. 그마저도 없다면 열 살의 아이에게는 너무나 잔혹한 현실만이 남을 것이다. 관객이 어기에게 감정이입하는 순간, 어기 엄마의 말은 그 자체로 진실이 된다. 냉소적인 태도로만 진실을 분별해낼 수 있는 것은 아니다. 타인과 공감할 수 있는 능력이야말로 진실에 근접하게 한다. 진실은 무엇인가? 끝까지 어기가 못생겼다고 주장하는 것인가? 아니다. 주름만 해도 그렇다. 주름은 생기는 것이지만 '얻는' 것이기도 하다. 영어로 'get wrinkle'이라 표현하는 이유다. 평소에 그 사람이 어떻게 웃고 어떻게 찡그리는지

56

주름에 고스란히 드러난다. 나이가 들수록 눈, 코, 입에 더하여 피부, 혈색, 주름, 흉터, 점 등이 그 사람의 모양을 만든다. 성형수술을 27회나 했지만 어기는 어기만의 기형적인 얼굴에 머물 수밖에 없다. 수술로 인한 흉터가 남아 있으며, 음식을 먹는 것도 쉽지 않다. 친구들이 괴물 또는 외계인 취급을 하는 것도 그런 이유다.

젊음을 숭배하고 예찬하는 시대다. 아름다움과 젊음에 고착된 인물 도리언 그레이Dorian Grey*는 현대 사회에서는 특수하기보다 보편적이다. 젊고자 하는 욕망은 그를 영원히 젊게 살도록 허락하지만 숨겨둔 그의 초상화에는 내팽개친 늙음이 그대로 담겨 있다. 현대에 젊고 영원한 삶에 대한 욕망은 수요 공급의 관계로 상품 교환적으로만 이루어질 뿐 죄로 여겨지지는 않는다. 다만 몸에 대한 약물 투입, 수술에 대한 결과에 따라 치러야 하는 대가가 있을 뿐이다. 만족, 불만족, 재수술, 생명 위협에 대한 소송 등이다. 사람들은 자신의 육체를 놓고 먼저 위험부담 책임에 대한 서명을 해야 한다. 그러나 이 또한 선택적 문제다. 도덕적 지침이 없는 선택이다. 몸은 정비해야 할 물질성에

---

* 영국 작가 오스카 와일드Oscar Wilde의 《도리언 그레이의 초상 The Picture of Dorian Grey》(1891)에서 젊음과 아름다움을 유지하는 대신에 초상화가 늙어갔으면 좋겠다고 말한 청년. 이 말도 안 되는 소망이 실현되어 초상화가 대신 늙어가기 시작한다.

더 가까운 것이 된 것이다. 그만큼 노령화와 더불어 몸의 가치가 하락한다. 즉 가치 축적을 지향하는 사회에서 가치 종말을 의미하는 죽음을 드리우기 때문이다.*

선택할 수 있다는 것은 자기 몸에 대한 자기결정권이 자기에게 있다는 것인데, 외모에 대한 것도 마찬가지다. 외모는 나라는 사람을 규명하고 규정하지만, 그 규명과 규정이 타인을 통해 이루어지는 만큼 나는 타인과 단절되지 않고 연결되어 있다. 타인의 시선이 곧 나의 시선인 것이다. 영국의 화가 제니 사빌Jenny Saville의 〈지렛대 Propped〉(1992)는 혐오스러움을 드러내는 동시에 혐오스러운 존재가 되어 경험하는 것이 어떤 것인지 보여준다.

이 그림에서 어떤 극단적인 모습을 볼 수도 있으나 내 몸이란 것이 타인의 시선에 나의 시선을 가두면서 대상화된다는 것 또한 보여준다. 타인의 시선이 곧 나의 시선인 셈이다. 나는 특별히 다른 시선을 가질 수 없다. 그런 점에서 보편적인 시선만으로는 '어떤 사람'을 특별히 알아볼 수 없다. 사랑에 빠진다는 것은 누군가를 알아보았다는 것이며, 그 사람을 특별한 사람으로 여긴다는 것이다. 굳이 극단적인 사례가 아닌 경우에도 우리는 자신의 몸을 비만

---

* 벨트라우스 포슈, 《몸, 숭배와 광기》, 조원규 옮김, 여성신문사, 2004, 264~265쪽 참조.

제니 사빌, 〈지렛대〉

문제시되는 몸의 문제

비만의 몸은 의복으로 가리는 것이 마땅함에도 불구하고, 그림 속에서는
마치 상품을 전시하듯 드러내고 있다. '그래서, 뭐요So, what?'라고 반문하는
듯한 도전에 가까운 이 자세는 충격 그 자체로, 관람객이 혐오를 느낄 사이
도 없이 다가온다.

과 등치시키며 바라보기 때문이다. 뚱뚱한 것은 의지력 부족이 되며, 이에 대한 이상적 체중이 제시된다. 이상적인 체중은 개인에게 몸을 완벽하게 만들 수 있다는 기대와 몸을 통제할 수 있다는 생각을 갖게 만든다. 얼굴도 마찬가지다. '예쁘다/예쁘지 않다'의 기준에는 세월로 인해 주름 잡힌 얼굴과 육체도 포함된다.

제니 사빌은 이러한 통념 앞에 거대한 몸을 내민다. 관객은 놀라서 숨이 턱 막혔다가 전시장을 빠져 나와서 한숨을 몰아쉬며 수군거릴 것이다. 그러나 코앞에 도전하듯이 내민 몸 앞에서 일시적으로 얼어붙은 경험은 쉬이 지워지지 않는다. 우리는 평상시에도 생각지도 못한 순간에 '얼어붙게 만들거나' '찌르는 듯한' 우연의 경험을 하게 되는데, 롤랑 바르트Roland Barthes가 언급한 '푼크툼 punctum'이라는 라틴어는 이를 가리킨다. 어째서 제니 사빌의 〈지렛대〉는 푼크툼이 될 수 있는 것일까? 숨 막힘과 고통을 주기 때문이다. 실제로 거리에서 비만한 여성을 보았다면 그때 받은 인상은 불쾌한 '흥미' 또는 '구경거리' 정도였을 것이다. 바로 문화적인 시선인 것이다. 한국에는 비만 여성에 대해 '돼지 같다'거나 '뚱뚱하다'는 표현을 직설적으로 사용하면서 놀리거나 희화화시키는 문화가 있다. 그 말을 듣는 사람에 대해서는 크게 고려하지 않았던 것이다. 나이 드는 과정 또한 그 못지않게 시각화된다. 타고난 외모와 체형뿐 아니라 세월에 따른 흔적에 해당하는 상처, 주름, 기미, 지나친 섭생에 의한 비만을 포함한다. 몸은 그 사람을 표상하는 기호다. 옷과 신발 등의 사물이 덧대어지는 것은 물론이다.

사람들은 나이가 들수록 거울을 보거나 사진을 찍는 것이 싫다고 말한다. 강의실 강의만 해오다가 최근에 화상 강의를 시작하게 되면서, PC 화면을 통해 더 자주 마주하는 것은 학생들의 얼굴이 아니라 내 얼굴이다. 비디오 기능을 제거하면 학생들이 내 모습을 볼 수 없기 때문에, 적어도 나의 표정과 몸짓을 통해 수업 내용을 전달하는 것이 학생들에게도 한 공간에 있는 것 같은 느낌을 줄 것이라는 취지였다. 강의 자료를 화면에 띄워 클로즈업되는 내 얼굴을 축소했다고 해도 내 이마의 주름이 어떻게 잡히는지, 입 모양은 어떤지, 고개를 바르게 하는지 또는 갸우뚱하는지, 손짓을 어떻게 하는지 평소의 습관을 마치 다른 사람을 보듯 지켜보게 된다. 물론 마음에 들지 않는다. 나의 모습이 눈, 코, 입 모양으로만 전해지는 게 아님이 분명하다. 시선과 미소, 목소리, 어투와 어조, 얼굴의 각도, 태도, 옷차림 등이 내 모습을 종합적으로 결정한다. 나답다는 것은 전체적인 분위기에 따라 좌우되는 것이다. 학생들은 그 모든 것을 결합하여 나를 한마디로 정의할 것이다. 영화 〈원더〉에서 어기는 신발을 보면 그 사람의 상태를 알 수 있다고 이야기하기도 한다. 우리는 그렇게 자신을 다양하게 표시하고, 타인에게 나를 각인시킨다. 이렇게 조합된 얼굴은 고정된 인상을 생성하고 나를 나로 규정한다.

과거에 나이가 들어간다는 것은 이런 모든 타인의 억압적 시선으로부터 어느 정도 풀려나는 것을 의미했다. 스스로의 삶을 영위하기 위한 범위에서의 자기 조설이 가능해질 뿐만 아니라 사용하는 말과 몸짓, 살아가는 자세 또한 외부에 의존하지 않고 스스로의 사유와 판단에 의거했다. 그러나 나이 드는 과정에 대한 여러 사회 담론이 생겨나는 지금, 나는 나이 드는 과정에 들어가는 여러 에너지 때문에 편안함보다는 피로를 느낀다. 나이가 들어서도 결국 젊은 때와 마찬가지로 개인적인 여건뿐 아니라 세계의 경험과 사회, 주변인들에게 영향을 받기 때문이다. 노년의 활동이 더 이상 개인적인 시간과 공간에만 머무를 수 없게 되었다는 것을 뜻하기도 하다. 기술에 의해서도 노년은 다른 세대와의 더 많은 마주침, 공존을 향하고 있다.

젊음-늙음의 사이

앞에서 본 프랑수아즈 사강의 소설 《브람스를 좋아하세요…》의 첫 장면에서 폴은 거울 속에서 좌절로 얼룩진 서른아홉의 얼굴을 확인하고, 외모에 신경을 쓰는 자신을 낯설게 여긴다. 스물네 살의 사강은 노년을 회의적으로 생각했을 것이 분명하다. 젊은 나이에 노년은 분명 상상할 수조차 없는 단절된 세계므로 사강은 노년을 '욕망을 실현하기 불가능한 때', '더 이상의 만남이 불가능해지는 때'로 바라보았다. 시간은 그만큼 지배적인 것이다. 나이 든 폴이 6년간 축적한 사랑을 내려놓고 새로운 사랑으로 진입한다는 것이 젊은 사강에게는 불가능해보였을 것이다. 자신이 더 이상 젊지 않은 것과 젊은 것이 부담스러워지는 시점에서 폴은 젊음과 늙음이 공유되는 것마저 꺼린다. 그녀를 사랑하는 스물다섯 시몽의 젊음을 견디지 못했으므로 폴은 그에게 가지 않는다. 시몽의 젊음을 대할 때마다 수치스러움을 느끼게 만든 그녀의 얼굴과 몸 때문일 수 있으며, 모성을 발휘하며 타일러야 하는 입장이 될 때마다 젊은 애인이 버거운 것도 사실이었다. 폴의 선택은 독자에게 어리석어 보일 수도, 체념하는 것처럼 읽힐 수도 있다. 그녀로서는 새로운 시작을, 시몽의 젊음을 감당하기 어려웠고 익숙한 것이 가장 편안했다. 곧 마흔 살이 된다는 것은 사랑을 버리는 일마저도 버겁게 만드리라 생각한 것이다. 낡은 사물 하나하나가, 사람이, 일이 어느새 붙박이가 되었기 때문이다. 소설의 1장 처음은 세월과 행복에 대해 묘사한다. 폴은 거울에 비친 자신의 모습을 좌절로 얼룩진 서른아홉 해로 바라본다. 욕조 물에 손을 갖다 댔다가 오래전에 느꼈던 순간의 행복감을 떠올린다. 그것은 찰나였을 뿐 금방 물러가 버린 것이었다. 그녀는 그때와 같이 차오르는 행복을 더 이상 느끼지 못했으며 젊지도 않았다.

버지니아 울프의 《등대로》에서 램지 부인처럼 일상 세계를 빈틈없이 살아낸 후, 빈틈없는 계획 덕분에 고스란히 원하는 미래가 내다보이는 즈음이야말로 더 이상 젊지 않은 시점이다. 그녀는 자기가 살아온 50년을 생각했다. 삶은 그렇게 그녀 앞에 놓여 있었다. 그 순간 그녀는 '삶'에 관해 생각해보려고 하지만, 그 생각을 이어나가지 못한 채 삶을 그저 바라보기만 한다. 삶이 거기 있다는 것은 분명히 감지하고 그 느낌을 실감할 수 있었지만 그것은 혼자만의 것이다. 자식들 또는 남편과는 나눌 수 없는 것이었다. 한편으로는 삶과 그녀 사이에 모종의 거래가 진행 중이고, 그 거래에서 그녀는 삶을, 삶은 그녀를 줄곧 이기려 들었다. 이제 그녀는 그 누구에 대해서도 생각할 필요가 없었다. 그녀는 홀로 자기 자신이 될 수 있었다. 생각하는 것, 아니 그조차도 하지 않고 그저 잠자코 있는 것, 혼자 있는 것, 모든 존재와 행위가, 팽창하고 번쩍이고 소리 내는 것들이 사라지고 줄어들어 엄숙한 가운데 자기 자신이 되는 것, 쐐기 모양을 한 어둠의 핵심, 다른 사람에게는 보이지 않는 무엇인가가 되는 것. 그렇게 그녀는 여전히 뜨개질을 하며 앉아 있지만 온전한 자기 자신을, 집

착attachments에서 벗어난 자유로운 자아를 느낀다. 그녀
는 어떤 기이한 모험도 떠날 수 있을 것 같았다.

그러나 모든 것을 자신의 세계에 한정짓고 바라보았
으며, 모든 것에 대해 계획을 세웠다. 그 계획에는 누구와
누구를 결혼시키려 하는 것도 포함되어 있다. 그녀는 마
치 결혼이나 자식을 낳는 것이 피난처가 될 수 있다는 듯
누구나 결혼을 하고 자식을 낳아야 한다고 말하곤 했다.
그러나 버지니아 울프는 이때의 램지 부인에 대해 '스스
로가 생각해도 성급하게'나 '자기가 고작 스물넷이 된 민
타에게 결심을 하도록 압박한 것일까 마음이 불편해졌다'
와 같이 묘사한다. 램지 부인은 사람들에게 강하게 영향
을 미치려는 사람이었다.

램지 부인은 릴리 브리스코에게 결혼하지 않은 여자
는 인생에서 최고의 것을 놓친 것이라 말하기까지 한다.
이런 램지 부인을 이기려는 듯 릴리는 결혼하지 않았다.
그녀에게는 아버지와 돌봐야 할 가정이, 그림이 있노라
고 말하고 싶었으나 말하지 않았다. 릴리의 눈에 램지 부
인은, 자신은 전혀 이해하지 못하는 여러 삶을 요지부동의
차분한 태도로 주재하는 모습이었다. 램지 부인이 죽고 이
후의 미래는 그녀의 예측과는 다르게 펼쳐진다. 그리고 그
세계 또한 지속된다. 램지 부인으로부터 결혼해야 한다는
소리를 들을 때만 해도 릴리는 자신이 부양할 가족과 그림

이 있다는 것으로 자신을 방어할 수 없었다. 그림을 그리고 있었으나 본격적으로 데뷔한 화가도 아니었다. 직업적 기반이 없었기 때문에 스스로 결혼을 부정할 자신이 없었다. 그러나 램지 부인이 죽고 여러 해가 지났을 때도 릴리는 여전히 결혼하지 않았으며 그림을 그리고 있었지만, 램지 부인이 살아 있었다면 릴리는 램지 부인의 주장을 자신 있게 비판할 수 있었을 것이다. 이렇듯 나이 듦은 늙는다는 생각을 접하기 전에 먼저 스스로의 그릇을 만들어 가는 과정이며, 자신의 목소리를 내는 과정이다.

　　나이 드는 과정에서 인간은 여러 경험을 통해 판단을 하고 결정을 내린다. 같은 세대의 공통분모를 가지고 있어도 각자의 시간과 공간을 가로지르며 다르게 나이 들어간다. 같은 나이일지라도 다른 계절과 다른 사람과 다른 일에 휩쓸려 정체성을 형성했으므로 사용하는 말과 표정 또한 다르다. 고유한 정체성이 딱딱해져 굳어지기 전에 수없이 외부 영향을 받고, 이에 저항하고, 변화를 겪는다. 이런 과정을 거쳐 내려진 결정은 오랫동안 틀에 박혀 굳어지고, 그 결과 매너리즘에 빠지게 된다는 생각에까지 이르기는 어렵다. 그러나 우리는 우리가 가진 확실성이 진리의 증거는 아님을 알고, 모두가 아는 세계는 단일한 세계가 아니라 타인과 함께 만든 어느 한 세계임을 깨닫는다.* 《브람스를 좋아하세요…》와 《등대로》는 두 여성의 일상에 스미는 나이 듦을 상세하게 묘사하고 있다. 사랑에 대해, 결혼에 대해 기존에 있던 것들, 익숙한 것들, 그것들이 가장 바람직하다는 믿음과 배반을 속속들이 보여준다. 로제는 시몽이 아닌 자신을 선택한 폴과의 첫 약속도 저버린다. 램지부인은 결혼을 인생에서 최고의 것이라고 말하면서 스스로 의구심을 갖는다.

나이 듦에도 젠더화 경향이 있다. 역사 기록물이나 인생 주기를 형식적으로 보여주는 그림들은 마르크 오제가 지적한 바와 같이 인생 주기를 명료하게 구분하여 그려져 있으며, 더욱이 표준화되었던 젠더 역할을 보여준다는 점에서 역사적이다. 50세 남성은 사회적으로 정점에 있는 성공한 모습으로 그려진다면, 그의 아내는 같은 50세임에도 인자한 미소를 짓는 나이 든 할머니라는 역할에 충실한 모습으로 그려진다.[**] 여성이 나이를 먹으면 현명함과 존경, 자유를 겸비하게 된다고 보는 문화권이 있는 반면, 완경과 허약한 몸의 측면에 초점을 맞추고 해석하기도 한다. 여성의 몸은 유방과 자궁을 통한 여러 생리적 현상과 임신 및 출산을 경험하는 장소이자, 나이가 들면서 더 이상 성

[*] 움베르토 마투라나, 프란시스코 바렐라, 《앎의 나무》, 최호영 옮김, 갈무리, 2007, 275쪽 참조.

[**] 마르크 오제, 《나이 없는 시간: 나이 듦과 자기의 민족지》, 정현목 옮김, 플레이타임, 2019, 75쪽 참조.

적 대상으로 비치지 않는다고 여겨지는 것이다. 또한 여성의 몸은 특정 가족 모델을 지지하는 이미지로 표현된다.[*] 50세 이후의 여성은 섹슈얼한 이미지를 벗고, 아내에서 할머니라는 역할로만 의미 부여가 되었다. 특정 가족 모델은 쉽게 예측 가능하듯 기본적으로 부부와 직계 자녀로 이루어진 형태이다.[**] 가족사진을 보면 성별의 운명이 남아 있음을 알 수 있으며, 거의 최근까지도 그 의미는 존속되었다.

사물의 나이

사물에도 나이가 있다. 대여섯 살에 나는 갖고 싶은 것을 얻기 위해 시장 바닥에 앉아 울곤 했다. 내가 원한 것은 장난감 전화와 바비 인형의 전형이라고 할 수 있는 마론 인형이었다. 시즌마다 머리 스타일과 옷을 바꿔 다른 버전의 인형을 판매했기 때문에 그때마다 나는 다른 인형을 원했다. 갖고 싶다고 해서 매번 인형을 가질 수는 없었지만, 사람이 많은 시장 문구점 앞에서 주저앉아 우는 딸과 오랜 신경전을 펼 수 없다고 판단하신 어머니는 적정선에서 내 소원을 들어주곤 하셨다.

[*]   마르크 오제, 앞의 책, 75쪽 참조.
[**]   마르크 오제, 앞의 책, 75쪽 참조.

그 인형들은 지금 없다. 이미 새로운 시즌의 인형이 출시된 순간부터 이전의 인형은 시시했다. 최신 인형은 영원할 것 같았지만 내가 나이 드는 것과 마찬가지로 나이를 먹고 벽장 속에 처박힌 채 잊혀졌다. 이사철이 되면 다시 눈에 띄었지만 이삿짐이나 벽장 속에 버려졌다. 가끔 인형이 기념품으로 손에 들어올 때도 있지만 나는 항상 그것들을 잃어버리거나 다른 사람에게 주곤 한다. 인형은 어린 시절 소꿉놀이에는 필수품이었으나 나는 더 이상 소꿉놀이를 하지 않는다. 주방을 모방한 소꿉놀이 세트, 종이 인형, 그 많던 동화책과 어린이용 명작 소설도 남아 있지 않다. 더 커서야 글자보다 그림이 많던 《피터 팬》의 원본이 글자가 훨씬 많다는 사실과 《걸리버 여행기》는 어린이용으로 각색되었을 뿐 사실은 동화책이라 할 수 없다는 사실을 알게 되었다. 중고등학교 때 읽은 《어린 왕자》나 20대에 읽은 무라카미 하루키의 《상실의 시대》*는 사용하지 않는 책장 귀퉁이에 꽂혀 있지만 다시 읽고 싶은 생각은 들지 않는다. 언젠가 다시 읽어볼 생각을 했다가 덮었던 것 같다. 몇 줄 읽어도 그 소설이 낸 지도의 길을 따라갈 마음이 내키지 않았던 것이다. 빠져들 수 없으며, 더 이상 충족되지 않는 것이다. 물론 도서는 명작의 경우에는 연령에 맞게

* 지금은 원제목을 따라 《노르웨이의 숲》이라고 번역되고 있다.

새로운 판본으로 재출판된다. 인형이나 장난감은 시대적인 유행을 타게 마련이고, 지나고 나면 기억에서도 희미해진다.

　　물론 사물의 운명이 항상 그런 것은 아니다. 사물은 사람으로부터 촉발되는 감정과는 다른 감정을 되살리고 위안을 줄 때가 있다. 비록 소비 자극이나 쇼핑 욕구, 충동구매와 같은 단어가 사물을 수식하는 경우가 많지만 사람들은 여전히 사물로부터 즐거움 이상의 것을 얻는다. 사물은 과거를 회상하는 좋은 도구가 되기도 한다. 나는 전동 타자기를 경험한 후에 컴퓨터를 다룬 세대며, 길거리에서 판매하던 무단 복제 녹음테이프로 음악을 듣던 세대다. '마이마이'와 '워크맨'이라는 휴대용 녹음기, CD 플레이어, MP3는 물론 삐삐와 무전기만 한 휴대전화, 지금의 스마트폰, 데스크톱과 노트북, 태블릿까지 모두 사용해봤다. 이 중에 사용하지 않은 채 오랜 시간 서랍 속에 있다가 버려진 것들도 적지 않다. 버리지 못하고 서랍 속에 오래도록 자리를 차지하고 있던 것은 과거의 한 시절을 현재의 시간으로 소환해줄 것 같았기 때문이다.

　　나이가 들면서 사물이 주는 새로운 즐거움이 있다. 더 좋은 것을 살 수 있다는 자유와 능력이 있다는 것과 스스로 좋은 질을 판별할 수 있다는 자신감이 소비의 만족감을 더한다. 온몸이 타오를 때까지 뛰노는 아이들의 시간으로부터 멀어진 어른의 시간에서 소비야말로 스트레스를 푸는 방법이 된 것이다. 비록 쌓여가는 택배 상자를 풀어 볼 사이도 없고, 잘못 배달된 게 아닌가 싶을 정도로 주문 상품이 낯선 순간을 경험하는 사람도 있다.

   똑같은 종류의 사물을 고를 때 저가의 것을 고르는 사람도 있고 고가의 것을 고르는 사람도 있다. 반드시 경제적인 여력 때문만은 아니다. 고가의 것을 고르는 사람 중에는 무엇을 쉽게 버리지 못하기 때문인 사람들이 있다. 길들이거나 길들여진 것들에 대한 익숙함과 부드러움을 선호하여 한 개의 사물을 오래 사용하기 때문이다. 사물에 세월이 쌓이는 것을 경험하는 일은 매력적이다. 몇 가지 좋은 것들은 물신숭배에 가까울 정도의 애착심을 불러일으킨다. 한편 좋은 스피커로 음악적 청력을 확장시킨 사람들은 좋다는 기준의 스피커를 넘어서, 더 나은 품질의 스피커를 구하기 시작한다. 스피커 수집에 목적이 있는 것이 아니라 성능이 업그레이드된 상품으로 계속 대체하는 것이다. 이것은 취미를 심화시켜 전문가 수준으로 격상시키는 경우에 해당한다. 자전거에 심취하면서 고가의 산악자전거를 구입하는 사람들도 마찬가지다. 이런 사람들은 취미까지도 심각하게 고민하고 선택하며 기꺼이 값을 지불한다. 그러나 심각하다고 생각하지 않는다는 점에서 취미에 머무를 수 있다. 사실은 많은 사람이 자신의 생업 이외에 운동이나 취미와 같은 행동을 시작하다 중도에 그만두지만, 지속적으로 할 경우에는 적지 않은 비용을 들여서 진지하게 매달린다.

어린 시절에 봤던 영화 또는 애니메이션의 캐릭터를 잊지 못해 피규어figure를 수집하는 사람들도 있다. 사무실 책상에 버젓하게 올려놓은 '로보트 태권 브이' 피규어는 여타 사물, 사진 액자나 그림이나 화초가 마음을 달래주는 것처럼 기분을 나아지게 한다. 어린 시절의 어떤 순간에 자신의 시간을 함께했다는 사실이 그에게 행복한 추억을 소환하기 때문이다. '제대로' 만들어졌다는 것은 지불 비용이 높다는 것이며, 그만큼 조잡하지 않다는 점에서 상품 가치가 있으므로 소유한 사람에게도 만족감을 준다. '로보트 태권 브이'를 알아보는 사람들이 건네는 인사는 사물의 가치를 그만큼 상승시킨다.

사물 외에도 인간에게는 집과 직장 밖의 활동 또는 장소가 욕망으로 자리한다. 어린아이의 놀이터 역할과 마찬가지로 인간에게 놀이는 해로운 충동을 발산시키는 배출구 역할을 하는 '발산'으로 정의되기도 한다.* 어린아이만 놀 권리가 있는 것이 아님에도 영국에서는 놀이의 공간

---

* 　요한 하위징아, 《호모 루덴스: 놀이하는 인간》, 이종인 옮김, 연암서가, 2011, 31쪽 참조.

이 공리주의의 여파로 18세기부터 사라지기 시작했다. 경제적인 요소를 과대평가하는 태도와 기술의 진보를 숭배하는 심리가 팽배하면서 놀이가 중단된 것이다.* 재미있는 것은 영웅, 전사, 귀족의 역할 놀이가 사라지면서 남성의 놀이도 사라졌으며, 이것은 의복에도 영향을 미쳤다. 화사하고 좋은 재질의 옷감이 음침하고 편리한 것으로 변경된 남성복에 비해, 여성복은 여전히 품위를 지켜야 한다는 규범 때문에 큰 변화가 없었다. 우뚝 솟은 머리 형태나 엉덩이 또는 허리 등쪽에 스커트를 부풀게 하는 버슬bustle 같은 것이 나타나던 여성복은 20세기가 되어서야 단순함과 자연스러움이 담긴 형태로 바뀌었다. 요한 하위징아Johan Huizinga는 의복 변화를 통해 인간의 놀이를 해석했으며, 여기에 젠더의 문화적 차이가 큰 영향을 끼쳤음을 알았다.

하위징아가 지적한 또 하나 인상적인 것은 바로 과거와 현재, 젊은 세대와 늙은 세대에 대한 것이다.

우리가 말하고 있는 시대는 이미 역사적 과거가 되어 버렸다. 우리가 그 시대로부터 물러설수록 그 시대의 후방은 허물어져 버리는 듯하다. 젊은 세대들이 '옛날'이라고 말하는 시대는 늙은 세대에게 있어서는 '우리들의

---

*   요한 하위징아, 앞의 책, 363~364쪽 참조.

시대'인 것이다. 늙은 세대는 그 시대에 대한 개인적 추억을 갖고 있을 뿐만 아니라 자신이 여전히 그 문화를 실천 중이라고 생각한다. 이렇게 시간 감각이 달라지는 것은 자신이 어떤 시대에 속하느냐에 따라 결정되는 것이 아니라, 옛날 것과 현재의 것에 대하여 어떤 지식을 갖고 있느냐에 따라 결정된다. 현재라는 아주 비좁고 근시안적인 순간에 집착하는 사람들에 비해 역사 인식이 뚜렷한 사람은 과거의 상당히 많은 부분을 '현대'로 인식한다.[*]

하위징아는 노인 세대를 과거에 젖어 현재를 직시하지 못하는 것이 아니라 현재를 과거로 확장시킨 것으로 바라본 것이다. 이것이야말로 개인을 역사적 시간과의 관계로 바라본 것이다. 그러나 과거의 유산에만 매여 있어서 현실을 전면 부정하는 경우를 간과해서는 안 된다. 과거에서 더는 빠져나오지 않으려는 사람들은 역사를 부풀리고 역사에 환상을 부여하기까지 한다.

[*]   요한 하위징아, 앞의 책, 369쪽.

악어 뱃속의 시계

우리는 시계에 '정확한 시간을 알려주고 약속을 지키기 위한 사물' 정도의 의미를 부여한다. 나는 초등학교 4, 5학년쯤 시계를 선물로 받았다. 그때의 시계는 시간을 알려주는 기능적 사물이면서 장신구이기도 했다. 팔에 두른 이 사물은 색깔과 스타일이 제각각이어서 발표하고 싶다는 의사 표시로 시계를 찬 팔을 드는 아이들이 있었다. 예전에 사람들은 방마다 벽시계를 붙이거나 탁상시계를 올려놓았다. 빈 벽에는 항상 커다란 달력과 시계가 걸렸다. 이런 시계가 장식품이 아니라면 무엇을 위한 것이었을까?

피터 팬이 던져 준 후크 선장의 팔을 먹은 후 후크만 쫓아다니던 악어는 시계를 집어삼키고는 뱃속에서 째깍째깍 소리를 내게 되었다. 그 소리 덕분에 후크는 악어가 덮치기 전에 도망칠 수 있었다. 그러나 언젠가 시계가 멈추면, 악어는 후크를 잡아먹을 것이다. 후크가 악어를 알아챌 만한 수단이 없어지기 때문이다. 이후 악어가 다시 나타났을 때 악어의 시계 소리를 들은 후크는 마치 몸의 관절이 모두 부러진 사람처럼 행동했다. 그 모습은 다른 해적들의 머리칼이 쭈뼛 설 정도로 소름 끼쳤다. 후크는 비틀대다 고꾸라졌다. 시계 소리가 차츰 가까워지고 있었다. 섬뜩한 생각이 들었다. '곧 악어가 배 위로 올라올 거야!' 그러나 악어 뱃속의 시계는 이미 멈춘 상태였고, 째깍째깍

소리는 피터 팬이 흉내 낸 것이었다. 악어는 죽음과 시간을 합쳐놓은 운명 그 자체로 후크를 움츠러들게 만들었다. 그러나 시간에 대한 것도, 운명에 대한 것도, 피할 수 없는 악어의 상징도 후크가 만들어낸 발명품이다. 악어가 째깍거리는 소리에는 신성함 같은 것이 없다. 피터 팬이 똑같이 흉내 낼 수 있는 소리였을 뿐이다. 시계 소리에 대한 후크의 강박관념이 결국 운명을 가장한 운명이 된 것이다. 그의 강박관념은 결국 죽음에 대한 두려움에 기인한다.

　　미국 소설가 프랜시스 스콧 피츠제럴드Francis Scott Key Fitzgerald의 소설 《벤자민 버튼의 시간은 거꾸로 간다 The Curious Case of Benjamin Button》(1922)는 영화로 더 잘 알려져 있는데, 영화에서는 유명 배우의 늙은 분장과 젊음 그 자체와 어린 시절을 시각적으로 극대화하면서 시간과 죽음의 문제를 보여주었다. 소설은 첫 부분에서 벤자민의 출생을 묘사하기보다 다른 사람들의 여러 반응을 보여주면서 궁금증을 유발한다. 병원의 담당 의사는 자신의 명성을 해친다며 버튼 집안과의 연을 끊겠다고 말하고, 간호사들은 병원의 명성을 염려했다. 그런 말들을 들으며 다가가서 바라본 갓 태어난 버튼 씨의 아기는 70세 노인의 모습을 하고 있었다. 목이 쉰 노인의 목소리로 늙은 아기는 물었다. "당신이 내 아버지요?" 그러나 버튼 씨는 소리치며 물었다. "당신은 누구시오?" 방금 태어난 늙은 아기가

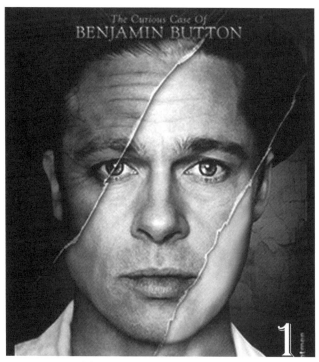

영화 《벤자민 버튼의 시간은 거꾸로 간다》(2008)의 포스터

시간의 유한성과 인간의 상상

스콧 피츠제럴드의 《벤자민 버튼의 시간은 거꾸로 간다》(1922)는 나이를 거꾸로 먹는 인간에 대한 기이한 상상을 그렸지만 인간의 인생 주기와 반대로 나이 드는 과정을 겪는 인간의 유한성을 조명한다.

자신의 아기일 수는 없다. 그러나 그의 아들인 것이 분명했다. 아들을 데리고 나가야 했던 버튼 씨는 아기에게 입힐 옷을 사러 나가 가장무도회용 옷을 사왔다. 늙은 아기는 말한다. "좀 우스워 보이는데. 나는 웃음거리가 되고 싶지 않은데." 그러자 버튼 씨가 말한다. "너는 이미 나를 웃음거리로 만들었어." 자신의 이름을 어떻게 지을 것인지 묻는 늙은 아기에게 버튼 씨는 969세까지 산 노아의 할아버지 므두셀라Methuselah의 이름을 떠올린다. 그러나 버튼 씨의 생각과 달리 벤자민이라는 이름을 얻은 아기는 영화에서처럼 양로원에 버려지는 대신 부모의 옆에서, 그들의 주변인의 반응과 감정을 받아내면서 자란다. 부모는 그에게 거리를 두고 두려워했다. 자신과 닮았다는 이야기를 듣고 불쾌감을 숨기지 않았던 할아버지는 점차 벤자민과 엇비슷한 노년기의 신체 상태에서 무미건조한 이야기를 나누면서 그가 익숙해지고 편안해진다.

열두 살이 되었을 때 부모는 더 이상 벤자민이 다른 아이들과 다르다는 것을 의식하지 않게 되었다. 그러나 정작 벤자민은 거울을 통해 자신이 젊어진 것 같은 느낌에 빠져든다. 태어나자마자 염색을 해야 했는데, 흰머리 속에 검은 빛이 도는 것처럼 보였다. 온 얼굴을 덮었던 주름도 서서히 사라지는 것 같았다. 그는 젊어지기 시작한 것이다. 열여덟 살에 대학에, 스무 살이 되던 해에 댄스 파티에 나갔다. 그는 대략 50세처럼 보였다. 그때 힐데가르드 Hildegarde라는 한참 어린 여성을 만나 사랑에 빠진다. 그녀는 이렇게 말한다. "스물다섯 살은 너무 처세에 능하고, 서른 살은 과로로 활기가 없는 편이죠. 마흔 살은 온갖 사연이 많은 나이라 시가 한 대를 피우며 이야기를 해야 하고요. 하지만 예순 살은, 아, 예순 살은 거의 일흔이잖아요. 하지만 쉰 살은 원숙한 나이지요. 나는 쉰 살을 사랑해요." 이후 벤자민은 계속해서 젊어지는 반면, 힐데가르드는 늙어갔다. 40세를 넘긴 힐데가르드에게서 더 이상 매력을 느낄 수 없었던 벤자민은 미국-스페인 전쟁에 참전한다. 그리고 마침내 주변인들이 나이를 먹어가는 것과 반대로 점차 어려져서 마침내 아기가 되었다. 그리고 그의 기억은 사라져 갔다. 인생 모든 순간이 마치 경험하지 않았던 것처럼 사라진 것이다.

픽션은 비현실적인 것으로, 환상과 우연을 심어 놓지만 삶을 지속시켜야 하며, 현실보다 더 현실을 부풀릴 때가 있기 때문에 냉혹한 점도 있다. 소설을 원작으로 한 동명의 영화 〈벤자민 버튼의 시간은 거꾸로 간다〉의 한국어 제목에서 알 수 있듯이, 가장 늙은 상태에서부터 나이를 먹기 시작한 벤자민에게 인생 주기는 마지막에서 처음으로 거슬러 가는 방식을 취한다. 즉 다른 사람들의 인생 주기와는 정반대로 펼쳐진다. 도리언 그레이처럼 자신의 늙음을 보이지 않는 곳에 숨겨두지는 않았으나 태어난 순간부터 늙어 있는 자신을 받은 의사와 간호사, 아버지, 할아버지의 반응까지 두루 보면서 벤자민은 세상 이치를 알아차렸다.

미국 소설가 마크 트웨인Mark Twain은 "인간이 80세로 태어나 18세를 향해 늙어간다면 인생은 무한히 행복할 것이다"라고 말한 바 있다. 이것이 스콧 피츠제럴드 소설의 모티프가 되었다. 늙기 전에는 젊음의 빛나는 순간이 소중한 줄 미처 알아차리지 못하므로 늙음을 겪은 후에 젊음의 시기를 더 잘 살 수 있을 것이라 생각했기 때문일 것이다. 나이가 들고 노년에 가까워질수록 사람들은 회한에 잠긴다. 다시 그때로 돌아간다면 잘 살 수 있을 것 같은 기분이 드는 것이다. 따라서 늙음으로부터 시작된 인생이 젊음에 도달하는 순간 최선의, 최고의 삶을 영위할 수 있을 것이라고 생각하는 것이다. 악어 뱃속의 시계와 악어 뱃속에서 이미 멈추었는데도 시계가 째깍거린다고 생각하는 후크 선장도, 벤자민 버튼의 거꾸로 가는 시간도 인간이 죽음에 대해 원초적 두려움을 품고 있다는 사실과 또 살고 싶다는 욕망을 품고 있다는 사실을 모순적으로 그리고 있다.

③

선택과 결정

햄릿과 오이디푸스

영국의 극작가 윌리엄 셰익스피어William Shakes-peare의 《햄릿Hamlet》(1601)을 완독하지 않았더라도 내용을 알고 있거나 적어도 제목을 들은 적은 있을 것이다. 햄릿은 아버지를 잃고, 곧바로 숙부와 결혼한 어머니를 용납할 수 없어 자포자기의 심정에 빠진다. 그러나 아버지를 죽인 자가 국왕이 된 숙부라는 사실을 알고, 삶의 유일한 목표를 얻은 듯 아버지의 복수를 위해 어른이 된다. 여기에서 어른이 된다는 것은 무엇을 의미하는 것일까? 말 그대로 '각성'에 가깝다. 안일하게 생각한 삶의 부조리가 사실은 인과관계를 지니고 있다는 것을 깨닫는 과정, 즉 '진실'을 알게 되고 그 앎을 '앎'으로 인식하기 위해 행동해야 함을 깨닫는 것이다. 그러나 앎을 행동으로 옮기기도 전에 다른 앎이 햄릿의 앞을 가로막는다. 국왕 살해는 정치적 반역이면서 국가의 존폐와 관련된다는 것이다. 햄릿은 깊은 고뇌에 빠진다. 죄를 알지만 그 죄를 벌하기 위한 과정은 손쉽게 이루어질 수 없다. 햄릿이 단지 소극적이기 때문이 아니다. 왕자의 신분으로 아버지의 복수만을 생각하고 행동에 옮긴다면 그야말로 미성숙한 행동밖에 되지 않을 것이다. 따라서 "죽느냐, 사느냐, 그것이 문제로다"에는 그의 고뇌가 깊이 드리운다.

죽느냐, 사느냐, 그것이 문제로다.

터무니없는 운명의 돌팔매질과 화살을

속으로 견디는 것이 더 고귀한가,

아니면 고통의 바다에 끝까지 맞서

끝장을 내버리는 것이 더 고귀한가.

죽어서 잠이 드는 것, 이게 전부란 말인가?

아니, 잠이 들면 꿈을 꾸겠지. 그게 문제야.

언젠가 사멸할 육신이라는 허물을 벗고

죽음의 잠에서 우리는 무슨 꿈을 꾸는가.

그 사실에 우리는 망설이고

길고 긴 인생의 고난을 이어가는구나.

만일 그렇지 않다면, 어느 누가 시대의 채찍과 조롱을,

압제자의 횡포와 거만한 놈들의 비방을,

짝사랑의 고통과 게으른 법을,

오만한 관리와 하찮은 사람들로부터의

업신여김을 견뎌 내겠는가?

차라리 단검을 들어 이승을 떠나는 편이 나을 것이다.

그렇지 않다면 누가 지루한 인생의 무게에 짓눌린 채

신음하고 땀을 흘리며 무거운 짐을 지고 살겠는가?

지금까지 아무도 되돌아오지 못한 곳,

그 미지의 나라,

죽음 뒤의 세계에 대한 공포가

우리의 의지를 그쳐버리고,

무엇 하나 모르는 저승으로 달려가기보다

이승의 고통을 감내하고 살게 하는 것 아니겠는가.

그리하여 숙고는

우리 모두를 겁쟁이로 바꾸어놓고,

자연스러운 결단은

내뻗는 생각과 함께

창백하게 변하는구나.

이러한 생각 때문에 중대한 계획 역시

물줄기를 틀어 실행이라는 이름을 잃는구나.

햄릿의 이 고뇌는 첫 구절로만 널리 알려져 있다. 그
러나 그 내용을 다 읽어보면, 그의 고민은 죽음과 삶의 선
택을 놓고 고민하는 왕자 신분의 존재론적 고민보다는 시
간과 공간을 아우르는 인류의 보편적 고민임을 알게 된다.
죽음 이후에 대한 두려움이 현실의 비루함에도 불구하고
살게 만들며, 그렇기 때문에 '죽느냐 사느냐'에 대한 고뇌
가 사람들을 겁쟁이로 만드는 것이다.

그는 이와 같은 고뇌를 통해 좀 더 복합적인 인물로
변모한다. 의도적으로 미치광이 노릇을 하여 사람들을 방
심하게 만든다. 사람들은 미치광이를 독립적인 힘을 가진
성인으로 취급하지 않기 때문이다. 그리고 단칼에 복수를

감행하는 대신 유랑극단 배우들을 초대하여 자신이 쓴 글 10여 줄을 넣은 연극을 숙부와 어머니 앞에서 공연할 계획을 세운다. 직접적인 복수 대신 펼쳐지는 연극은 간접적인 방법이지만 햄릿의 의도대로 숙부와 어머니의 심경을 심하게 거슬렀다. 연극 시작에 앞서 보인 무언극은 숙부가 어떻게 해서 자신의 형인 햄릿의 아버지를 살해하고 왕이 되었으며, 형의 부인인 햄릿의 어머니를 어떻게 아내로 맞이했는지 보여준다. 그러나 햄릿 자신은 이런 방식의 복수에 대해 유감스러웠는지 마침 나타난 선왕의 유령에게 말한다. "저에게 내려주신 지엄하신 명령을 바로 실행하지 못하고, 기회와 복수심을 흘려보낸 채 지내온 당신의 나태한 아들을 꾸짖으러 오셨습니까?" 이러한 존재론적 갈등이야말로 저절로 어른이 되지 않는다는 점을 보여준다.

소포클레스Sophocles의 《오이디푸스왕Oedipus the King》(초연 B.C 429) 또한 《햄릿》처럼 '앎'에 대한 것이며, 앎을 안다고 하는 것은 행불행과 상관없다는 것을 알려준다. 앎을 앎으로 인식한다는 것은 실천과 관계된다. 자신이 아버지이자 테베*의 왕을 죽였다는 사실, 어머니와 동침해 자식을 낳았다는 사실, 이에 대한 앎은 오이디푸스

---

*　고대 그리스의 주요 도시로 아테네 북서쪽에 위치했으며 '테바'라고도 한다.

개인으로서는 지극히 불행이었지만 사회 전체로는 역병을 제거하는 길이었다. 그는 스스로 저지른 잘못에 대한 책임으로 자신의 두 눈을 찔러 장님이 되어 테베 땅을 떠난다. 모르고 한 일이라고 해서 정당화하지 않고 죗값을 치르기 위해 추방을 결정한 것이다. 그는 눈멀고 늙었지만 이국땅을 떠돈다. 자기 파멸에 이를지라도 저지른 잘못에 내해 눈 감지 않고 책임을 지는 오이디푸스야말로 인간의 위대함을 실천한 어른이라고 할 수 있다.

오이디푸스가 테베 땅에 들어가면서 만난 스핑크스의 수수께끼를 푼 일화는 유명하다. 그는 아침에는 네 발, 낮에는 두 발, 밤에는 세 발로 걷는 동물이 인간이라는 것을 밝혀 목숨을 건진다. 그의 인간에 대한 통찰력을 보여주는 일화지만 그는 아버지를 죽이고 어머니와 결혼하여 자식을 나은 악의 원형이기도 하다. 현명함과 어리석음 사이는 얼마든지 좁혀지고 넓혀질 수 있다.

어린아이는 점차 청소년에서 청년으로, 중장년으로, 그리고 노인이 된다. 그 사이 교육을 받고 사회의 주역으로 일하는 시기를 보낸다. 어린아이가 순수하다는 것은 착하다는 뜻이 아니다. 어린아이는 솔직하기 때문에 오히려 의도하지 않고도 타인에게 상처를 입힌다. 여러 동화가 문제 되었던 것은 어린이에게 올바르지 않은 정서를 심어준다는 이유도 있었다. 그러나 한편에서는 아이들은 어른이 생각하는 것보다 많은 것을 알고 있다는 주장도 있다. 아이들의 정서 또한 어른들의 관점에서 기준이 세워지는 경향이 있는 것이다.

　나이 듦은 결국 앎에 대한 것이다. 앎이 지식이 되고, 권위가 되며, 권력이 된다. 그리고 그것이 삶의 태도가 된다. 삶의 태도는 매너리즘이 되기도 하고, 성격이 되기도 한다. 또한 앎은 개인과 집단 간의 차이를 만들고, 벽을 세워 서로의 이견을 존중하지 않는 '끼리끼리'의 문화를 형성한다. 이때 누구를 알고 있고 어떤 인간관계를 형성하는지가 점차 중요해진다. 자신의 친분과 이해관계에 따른 인간관계를 통해 자신이 동의할 수 없는 외부 의견이라고 생각하는 것을 듣지 않는 편향성 또한 나이 드는 과정에서 중요하게 구축된다. 그렇기 때문에 관계가 협소할수록 자기 자신을 보기 어려운 것이다. 물론 차이에 대한 차별을 겪는 외부인의 경우는 이와 같다고 볼 수 없다. 따라서 자신을 객관화하지 못하면, 자기만의 틀에 박힌 세계 외에는 보지 못하며 자기 세계만을 유일하게 여기는 오류를 범할 수 있다.

　아일랜드의 작가 제임스 조이스James Joyce의 《더블린 사람들Dubliners》(1914)에 수록된 단편 〈애러비Araby〉에는 소년의 눈으로 해석한 어른들의 세계가 한 개의 장면을 통해 응축되어 있다. 소설은 소년의 첫사랑과 그 사랑을 이행하는 과정에서 장애물과 부딪치고 깨달음을 얻는 모습을 통해 좌절하면서 성장하는 소년의 모습을 보여준다. 어린 시절은 또래 아이들과 '몸이 활활 타오를 때까지' 골목을 뛰어다니며 노는 때다. 소년은 친구 맹건의 누나를 좋아한다. 소년은 자신의 모습이 드러날까 창 덮개를 내리고 그녀의 집을 지켜보다가 그녀가 문간 층계로 나오면 한달음에 달려 나가 그녀 옆을 스친 후 앞서 걷는다. 우연을 가장한 그 만남에서 맹건의 누나는 '애러비'에 가보고 싶은데 갈 수 없어서 유감이라고 말한다. 애러비는 1894년 5월 더블린에서 개최된 바자회다. 소년은 자신이 가게 되면 무언가를 사다 주겠다고 말했으며, 그 순간부터 소중한 이름인 것처럼 애러비가 개최되는 당일까지 온 마음을 그것에만 집중한다. 당일 용돈을 주시기로 한 아저씨가 늦게 귀가하자 애러비로 가는 시간이 늦어졌고, 겨우 도착했을 때는 날이 어두워져 대부분의 상점이 문을 닫았다. 겨우 찾아 들어간 상점에서 젊은 여자 점원은 소년에게는 관심을 보이지 않고, 다른 남자들과의 대화에만 신경을 쏟고 있었다.

"아이, 난 그런 말은 한 적이 없어요!"

"아, 하지만 당신이 그랬잖아요."

"아이, 난 그러지 않았다니까요!"

"그래, 나도 들었어."

"아이, 그건…… 전부 거짓말이에요!"

아일랜드와 영국의 정치적 상황*을 논외로 하고 보면, 영국식 말투를 사용하는 남자들은 희롱 섞인 말로 여자 점원과 대화를 이어가고 있을 뿐이었다. 그들의 말은 공중에서 공허하게 울릴 뿐 의미는 없었다. 의미가 있다면, 오직 소년에게 각성의 기회를 준 것뿐이다. 그는 자신의 사랑이 '허영'이며 따라서 '조소'당한 것 같아서 번민과 분노에 휩싸인다. 소년은 자신이 목격한 남녀의 시시덕거림을 통해 사랑이 공허한 것에 지나지 않는다는 부정적 깨달음에 이르렀으며, 이를 계기로 소년은 성장한다. 그러나 이렇게 알게 된 앎은 소년으로 하여금 사랑을 고정시키고, 고정시킨 값으로만 취급하게 만들 가능성이 있다. 사랑이 허영 그 이상의 것이 아니라는 앎이 소년에게 내재화되는 것이다. 그러나 소년이 깨달은 사랑은 앞서 〈들어가며〉에서 언급한 앤드루 마블의 시 〈그의 수줍은 여인에게〉에서 보았던 것과 같은 욕망의 대체물이다. 앤드루 마블의 시에

---

* 더블린은 당시 영국의 식민지로 억압받고 있었다. 부패한 가톨릭 성직자들은 비리를 저지르고 친영국적 교단이 애국자를 궁지에 몰아넣어 죽음에 이르게 하는 등 갈등과 내분을 조장했다.

서 화자는 욕망을 수사적 표현으로 이상화시키고 있다.

사랑은 프랑스 철학자 알랭 바디우Alain Badiou가 말했듯 존재를 전체로 받아들이는 것이다. 세계의 경험에 자신의 유한성 이상의 어떤 것을 부여하는 방법이다. 소년이 목격한 것을 염두에 두고 사랑을 한 가지 방식으로 단정한다면, 그의 세계는 마비될 수밖에 없다. 진리는 여럿이다. 하나로 고정된 것이 아니라 과정 중에 있다. 사랑이 육체를 배제한다는 것은 아니다. 욕망의 발생 자체는 육체에 의한다. 그러나 사랑과 욕망은 모두 육체에 관여한다 해도, 그 육체가 결코 동일한 것은 아니라는 점은 상기할 만한 사실이다.[*]

따라서 소년이 '앎'을 아는 것에서 영구한 의미의 닻을 내린다면, 그의 인생에는 어떤 우연이나 사건이 발생할 수 없다. 우연이나 사건은 작가만 발견할 수 있는 것이 아니다. 모든 사람들이 소소한 삶에서 근본적으로 맞닥뜨리게 되는 사건이 사랑이다. 그 순간을 스쳐 지나지 않고, 그 우연과 사건을 자신의 것으로 맞이하고 새로운 세계를 탐험할 때 사랑이 외적으로 확장되며, 의미가 생산된다.

[*] 알랭 바디우, 《조건들》, 이종영 옮김, 새물결, 2006, 351쪽 참조.

놀이와 삶

탐험은 진리를 하나로 규정하는 위험을 방지한다. 아이들은 동굴이나 인디언 캠프를 좋아하게 마련이다. 내가 어렸을 때의 아이들은 낮은 뒷산의 얕은 동굴을 좋아했으며, 지금의 아이들은 인디언 캠프 같은 것을 좋아한다. 아이들은 비현실적인 현실 장소로부터 삶의 은밀함을 발견하기 때문이다. 앨리스Alice가 토끼를 따라가다 발견한 이상한 나라로 가는 토끼 굴과 해리 포터Harry Potter가 호그와트로 가는 기차역이 그러하다. 어른이 된 후 이런 장소들은 더 이상 현실에 존재하지 않다는 사실을 알게 되지만, 그렇게 알고 난 진실이 우리를 더 나아지게 하지는 않는다. 어른이 되어서도 품고 있는 기억과 스토리가 있으며, 그것들을 망가뜨릴 수는 없다. 그 스토리 덕분에 어른이 되어서도 폭신폭신한 어린 시절의 기억 속으로 숨을 수 있는 법이다. 〈애러비〉의 소년처럼 나는 어린 시절 좁다란 골목길을 숨이 차오를 때까지 뛰어다녔다. 골목길의 끝에는 언제나 오후의 밝은 햇살이 드리워져 있었는데, 골목을 빠져나오면 또 다른 새로운 거리와 집, 상점, 사람들이 나타나곤 했다. 몸이 휘청거릴 만큼 현기증을 느끼고 나면 나는 그 광경에 놀라 한동안 서 있곤 했다.

이와 같은 어린 시절의 놀이는 동사 '논다'의 어조와는 어느 정도 다르게 들린다. 어린 시절의 놀이는 어른을 위한 스포츠로 발전했다. 놀이를 위한 놀이가 아니라 경쟁과 승리, 보상이 있는 어른다운 놀이 문화를 발전시킨 것이다. 이러한 문화는 성과라는 목적에 부응한 것에 의미를 둔다. TV 방송의 음악 프로그램 또한 노래를 부르는 것에서 만족하지 못하고 오디션 방식을 흥행시켰다. 일본에서는 요리 프로그램에 전문 요리사들의 경쟁 방식을 도입했으며, 한글 퀴즈 프로그램 또한 사람들의 도전 욕구를 조장한다. 한편 '논다'는 것은 '놀이'의 동사 형태지만 그 자체의 목적만을 지닌, 따라서 부정적인 느낌에 기대어 있다. 그나마 '잘 논다'고 했을 때 '잘' 덕분에 부정적인 어조가 조금은 경감된 것처럼 느껴지기도 하지만 한국 사회에서 '논다'는 풍조는 1970년 이후로 '잘 살아야 한다'는 구호 아래 억제되었다. 지금의 '논다' 역시 여전히 철없는 아이들이나 청소년들에게 붙여진 말처럼 들린다.

그러나 인간을 잘 놀지 못하게 만든 성과 위주의 사회에서 놀이의 필요성이 치유의 차원으로 조명되면서 이론적으로 탐구해야 할 분야가 되었다. 열 살 이후 노는 것을 잃어버리고 50년쯤 지나 퇴직 시점에서 논다는 것을 다시 생각해내는 것은 지극히 어려운 일이다. '노는 게 뭐 별거냐?'고 묻는 많은 사람들이 시간을 보내는 방법은 시간을 때우는 것에 가깝다. TV 앞에서 일어나지 않는 카우치 포테이토Couch Potato가 되거나 습관적으로 스마트폰에 매달리며, 그 외 불규칙적으로 낮잠을 자거나 운동, 게임, 친구와의 모임을 갖기도 한다. '잘 놀아야 한다'고 생각하는 사람들은 규칙적으로 독서, 음악회, 전시회, 여행을 계획하고 취미를 가꾸기도 한다.

'잘 놀아야 한다'는 생각도 노년기를 성공적으로 보내는 하나의 방법일까? 노년기를 성공적으로 보내기 위해 필요한 것으로 대부분의 사람들은 경제력을 1순위로 꼽는다. 이처럼 노년기는 가장 먼저 가난과 고독으로 표상된다. 약 냄새를 풍기는 황폐한 육체로 뒷방에 앉아 돌봄을 받기보다는 자발적으로 사회에 참여하거나 봉사하고, 아니면 소비를 이끌고 젊음을 유지하기 위해 기꺼이 투자하는 데 앞장설 것을 요구받고 있으며, 노년층 스스로도 그에 부응하고자 노력하는 것 같다. 따라서 늙음이 거부되고 나이가 들더라도 왕성하게 활동하며 지속적으로 사회에 참여하는 것이 바람직한 노년, 새로운 노년상이라는 담론이 생성되고 있다.

과거와 달리 특히 경제적 비용이 많이 드는 자본주의 사회에서 퇴직 상태의 장기화는 노년기를 불안으로 점철시킬 수 있다. 실제 한국 사회에서 은퇴를 하고 싶어도 못하는 사람들이 증가하고, 심지어 2017년에는 60대 경제활동인구가 20대를 추월했다. 청년층의 경제활동이 인구 증가 대비 늘지 않은 것과 반대로 60대 이상의 경제활동은 증가했기 때문이다.* 최근 들어 의존하지 않고 자기 삶을 주체적으로 돌보는 젊은 노년에 해당하는 신노년층에 대한 환영이 나타나고 있다. 자기 삶을 주체적으로 돌본다는 것은 자기 결정권이 확보된다는 점에서 분명 중요하지만, 현대 사회에서 주체적이라는 것은 경제적 자립 능력에 더 가깝다. 자식을 포함한 타인에게 기대지 않을 만한 경제력이 전제되어야 가능한 것이다. 정년퇴직 이후 생업에 종사하기 어려운 만큼 노후 20년 이상을 자립적으로 산다는 것은 보통 사람에게는 어려운 일이다. 결국 삶의 후반부를 성찰하기 위하여 건강과 경제적 능력을 중심에 놓을 수밖에 없다.

그러나 퇴직 이후에 무엇을 할 것인가에 대한 장년층의 고민은 반드시 생업 때문만은 아니다. 먹고사는 문제로 재취업을 해야 하는 상황이 아니더라도 재취업을 하는 다른 이유가 있다. 무엇을 하지 않는다면 '늙는다'거나 좌절감과 무력증이 생길 것이라는 추측이다. 벌써부터 가족과의 불화를 염려하는 경고성 메시지에 둘러싸여야 하는 것이다. "퇴직 이후에 뭐 할 거예요?"라는 질문은 아무것도 하지 않는 것에 대한 부정적 어조를 담고 있다. 아무것도

---

* 기사 「'늙어서도 은퇴 못하는 시대'…60대 경제활동인구, 20대 첫 추월」-(경향신문), 2018년 3월 11일 게재.

하지 않는 상태에 대해 다른 사람들은 이해하지 못하며, 무엇보다 자기 스스로 용납하지 못한다. 그것은 자신을 무용지물로 취급할 것에 대한, 무용지물이 될 것이라는 두려움에 기인한다.

그런데 아무것도 하지 않는 상태가 아니라 일상생활을 둘러싼 최소한의 검소한 삶이 전개된다. 이때의 '검소함'은 영어의 'simple'인 만큼 단조로움이 예상된다. 그 이유는 생산 과정에 참여하지 않는다는 것인데, 그렇다고 해서 아무것도 하지 않는 것으로 이해해서는 안 된다. 인간 활동을 경제 순환의 논리로만 해석하는 사회 담론에서 빠져나와야만 자율적이고 주체적인 삶을 영위할 수 있다. 따라서 아무것도 하지 않음에 대한 의미는 나이 듦과 관련하여 새롭게 정립되어야 한다. 나는 그것을 놀이에서 찾으려고 하는데, 놀이터는 아이들만의 고유성을 부여한 장소처럼 들린다. 놀이터는 어린이들이 놀 수 있도록 실외에 마련된 장소다. 그러나 내가 어린 시절에는 '마련된' 협소한 곳 외에 동네 모든 곳이 놀이터였다. 서울 변두리 아파트 앞의 공영 놀이터와 집에서 좀 떨어진 곳의 논밭, 뒷산이 모두 놀이터였다. 논은 겨울이면 썰매를 탈 수 있는 빙판이 되었고, 입장료가 있는 스케이트장과 달리 무료였다. 언덕 같은 낮은 산도 있었다. 산에는 어린아이 한두 명이 들어갈 만한 얕은 구멍들이 있었는데, 산을 오르는 놀이를 하다가 소나기가 쏟아지면 친구들과 나는 구멍 안에서 비가 그칠 때까지 기다리곤 했다. 그렇듯 아이들은 언제든지, 어디서나 논다.

노출되어 있는 모든 곳에서 움직임이 없으면 활동으로 여겨지지 않는다. 눈에 띄는 작은 공간의 공원에서 노인들이 앉아 쉬는 것은 비활동이며, 그렇게 무위의 시간은 노인의 삶을 상징한다. 그렇다면 활동은 과연 무의미하지 않다고 말할 수 있는가. 인간은 지나치게 많은 비생산적인 활동에 시간을 소모한다. 이때 생산적인 시간만이 의미화되지 않는 것은 물론이다. 인간은 그렇게 자기 기준의 활동에 참여하고 있는 것이다. 언젠가 TV에 소개된 이탈리아 시에나Siena의 캄포 광장Campo Square Piazza에서는 여행자건, 주민이건, 어린아이건, 노인이건, 무리건 상관없이 그들은 우두커니 앉아 있거나 누워서 제각기 멍하니 허공을 바라보고 있었다. 그 시간은 장 그르니에가 말한 비어 있는 '공'간인 것이다. 쉼과 삶에의 관조다. 노인들은 비로소 나이를 갖게 되었고, 텅 빈 시선으로 '아무것도 아닌' 모든 것을 바라보고 있는 것이다.

나이 듦에 대해 프랑스 작가 조르주 페렉Georges Perec은 경험이 쌓이면서 기다리는 법과 적응해 가는 법을 배우고 더 확실하고 균형 잡힌 방향으로 취향이 자리 잡혀간다고 했다.* 취향이 확실하고 균형 잡힌 방향으로 자리

잡혀 간다는 것은 경험을 거친 최종 선택을 내 것으로 삼는다는 의미다. 긴 시간의 결과며, 나이 듦의 성과라고 할 수 있다.

이때 조르주 페렉이 말한 배운다는 것은 어떤 의미일까? 좌절의 심리적 과정을 통과한다는 것은 아닐까? 어떤 일을 처음 시작할 때에는 지식과 경험의 부족 때문에 어쩔 수 없이 기다려야 하고, 배워야 하며, 익숙해져 간다. 그 과정을 거쳐야 노하우가 생기고, 일을 처리하는 속도도 빨라진다. 실수할 확률이 줄어들며, 마치 처음부터 그랬던 것처럼 숙련된 몸과 마음을 갖게 된다. 일정 기간 그런 시절을 누리고 나면 자신을 포함하여 낡은 것들에 둘러싸인다. 쏟아져 들어오는 새로운 것들에 자리를 내어주기에는 익숙한 것에 대한 편안함 때문에 새로운 것을 검증하기도 전에 나쁜 것이라고 여긴다. 나이 듦은 게으름과 귀찮음과 어떤 식으로든 관련이 있다. 내가 알고 있는 어떤 사람은 드라이클리닝을 한 옷을 꺼내 입는 것이 싫다고 했다. 또다시 드라이클리닝을 맡겨야 하는 것이 귀찮기 때문이다. 오랜 세월 모 합성 의류에 알레르기 반응을 일으켰던 친구는 이제 유사한 스웨터만 보아도 불쾌감을 느낀다고 한다.

---

*   조르주 페렉, 《사물들》, 김명숙 옮김, 펭귄클래식코리아, 2004 참조.

삶을 많이 알게 되면 익숙한 것을 편하게, 낯선 것을 불편하게 여기게 된다. 기능이 다양해지고 선택 버튼이 많아진 전자 기기가 손에 익은 기억으로 다뤘을 때 오작동을 일으키면 불편해지기 시작한다. "뭐 하려고 이렇게 복잡하게 바꾼 거지?" 새로운 것을 배운다는 입장으로 바라보는 것이 아닌 대상들, 전부터 사용해오던 자동차, 세탁기, 컴퓨터는 기존의 기능에 익숙해져 있기 때문에 새로운 디자인에 새로운 기능이 추가된 제품이 출시되면 버튼 하나도 쉬워 보이지 않는다. 물건을 보는 안목에 있다는 것과 익숙한 것이 주는 편안함은 사실 구분이 된다. 안다는 것은 익숙한 것이며, 익숙한 것이 더 좋은 것이라는 생각이 고착되기도 한다. 똑같은 미용실과 한의원에 10년 이상 다니고, 좋아하는 음식과 음악을 즐기며, 취향이 비슷한 또는 적어도 그 취향에 이의를 달지 않는 사람들을 만난다. 동호회가 바로 그런 곳이다. 이미 취향이 같은 사람들이 모인다는 점에서 취향을 탓할 사람은 없는 것이다. 가는 곳만 가고 지나는 도로만 지나는 것도 도로 조건과 소요 시간을 잘 알고 있기 때문이다. 이렇듯 잘 알고 있다는 것은 시간을 절약해주며 편리함을 부여한다. 여러 종류의 화장품을 번갈아 사용해봤으니 합리적인 가격에 기능적인 것을 고를 수 있다. 믿을 만하다고 생각하는 사람의 말을 믿는다. 이 모든 것은 알 만하고 합리적이라는 이유를 달고 가치관을 확립하도록 만든다. 사고방식이 형성되고 고정된다. 다른 사람의 말에 크게 좌우되지 않으며, 어른답게 말하고 행동한다. 제법 괜찮은 어른이라는 말을 듣는 것을 좋아하고, 사람 볼 줄 안다고 생각하기도 한다. 이런 것들은 나이 듦에서 얻는 장점이기도 하다. 좋은 것들을 스스로 향유하면서, 타인과 공유하되 일방적으로 강요하지 않는다는 완숙함도 보인다. 그러나 타인의 견해에 흔들리지 않는 대신 유연하게 대처하지 못할 때 단점이 될 수 있다.

늙어감은 이와는 좀 거리가 있다. 사람들은 보통 노인들이 잠이 없으며, 부지런하다는 것을 알고 있다. 모든 일에 참여(또는 참견)하려는 의욕을 보이기도 한다. 나이 듦은 늙어감과 어떤 측면에서 상당히 다르다. 새로운 것을 나쁜 것이라고 치부하는 논쟁을 거치고 나면, 나의 의견은 더 이상 호소력이 없다. 이때가 되면 포기하고 순응해야 하는 것으로 여긴다. 그런 의미에서 기다리는 법과 적응해가는 법을 배운다는 것은 배움 자체가 지불 비용을 전제한다는 사실을 시사한다. 삶도 마찬가지며, 인간관계 역시 그렇다. 그러나 그 체념에도 고정된 자기 확신이 잔여로 남는다. 자신이 건져 올린 지식과 정보에 기대어 한 곳에 정박하는 것이다. 그곳에는 자신을 둘러싼 혈연, 지연, 학연의 두터운 세계가 하나의 세력을 형성한다. 나이 듦은 세력 확장을 증명하는 시기이기도 하다. 그 속에서 주류의 취향에 맞춰 가기도 하며, 결국 그것이 본인의 취향이라고 믿기도 한다. 따라서 늙어감 자체와는 다르다. 늙어감에는 이 모든 것이 부재한다. 오히려 육체가 쇠할 때까지 모든 곳에 참여할 의사가 있으며, 의사와는 상관없이 소속될 곳이 사라지는 것이 문제다. 누군가의 부고 소식을 자주 접하게 되기도 한다.

분명 나이 듦은 기억과 경험, 인간관계의 축적 같으나 상처와 피해의식, 상실로 얼룩져 있다. 개인에게 인생의 경험은 과거와 현재가 혼재하며, 어떤 때는 과거에 대한 기억이 더욱 현실적이 되기도 한다. 편집되어 정확한 것이 아닐지라도 개인은 분명 현재만이 아니라 과거에도 산다고 할 수 있다. 늙어감은 그 모든 것을 버리는 것에 더 가깝다. 다만 버려야 한다는 사실을 깨닫기까지는 오랜 시간이 걸린다. 나이 듦의 증거 중 하나는 과거를 회상하고 그때를 되돌리고 싶어 하거나 그때의 빛나는 순간에만 살려고 한다는 것이다. 밸런스 부인*도 그런 사람이다. 그녀는 에든버러는 물론 잉글랜드의 노섬벌랜드에서 살았던 과거가 현재보다 훨씬 더 현실적이었는데, 그녀에게는 훌륭한 사람들이 오로지 과거에만 있었기 때문이다. 그들은 다들 마음이 넓어서 남을 비웃지 않았으며, 무엇보다 그녀

---

*　버지니아 울프의 단편소설 〈조상〉(1923)에 나오는 인물.

조지 이네스George Inness,
〈이른 가을, 몬트클레어Early Autumn, Montclair〉(1888)

선택하지 않은 길에 대한 미련

선택하지 않은 것에 대한 후회가 어려운 것은 그 선택이 지금 서 있는 길보다 더 나을 것이라는 확신이 없기 때문이다. 그러나 소극적인 태도에 대한 미련을 가질 수는 있다.

를 이해하고 그녀의 소질을 알았다. 그러나 댈러웨이 부인의 응접실에 있는 초대받은 사람들은 그녀에 대해 모른다. 삶은 수레바퀴를 단 듯 휙 지나갔고, 삶은 그녀가 상상했던 그런 것이 아니었음을 알게 된다.

가지 않은 길

나이가 들수록 과거에 대한 생각이 많아지고, 나이 드는 것은 기억할 과거의 시간이 많아졌다는 뜻이기도 하다. 좋았고 나빴던 시절이 있으며, 현재를 달라지게 만든 터닝 포인트가 그 속에 있다. 가지 않은 길에 대해 환상을 갖고 아쉬움을 보태는 것이 그 때문이다. 그때로 돌아간다면 다른 선택을 했을 것이라든가, 다른 선택을 했다면 어떻게 되었을까 하는 질문 속에 잠기기도 한다. 가령 다른 사람과 사랑을 했다면 어땠을까, 하는.

스페인 독감을 앓고 난 댈러웨이 부인에게 6월 어느 날의 아침은 마치 새로운 삶이 시작되는 느낌이었으며, 그 새로움의 시작점이 열여덟 살 처녀 시절에 있는 것처럼 그녀를 그때로 돌아가게 만든다. 죽을 수도 있었던 고비를 넘긴, 그래서 파티를 준비하기 위해 창을 열어젖힌 아침은 또 어떤 바람과 기대에 차게 만들면서도 모든 시작은 열여덟 살 때여야만 했다고 생각하게 만든다. 댈러웨이 부인이라는 이름을 얻은 지 30년 이상의 세월이 흘러도 클라리사의 이름으로 불리던 시절을 소환할 수 있는 것처럼, 창문을 열어젖히는 순간에도 열여덟 살에 가닿을 수 있다. 그녀는 사랑하는 사람 대신 안정적인 삶을 보장해줄 남자와 결혼했다. 예상처럼 삶은 안정적이었지만 결핍이 없는 것은 아니었다. 사랑이 지나쳐 서로를 지치게 만드는 집착도 없었으며, 병을 앓고 난 뒤 방해받아서는 안 된다는 의사의 처방을 곧이곧대로 받아들인 남편의 배려로 독방을 쓰게 되었으나 그녀는 행복하지 않다는 생각에 이른다.

　　우리는 분명 선택하지 않은 것에 대한 대가를 치른다. 그녀가 피터와 결혼했다면, 하는 생각은 가지 않은 길에 대한 후회면서도 안도다. 그리고 피터를 선택하지 않았지만, 선택하지 않은 것과 선택한 다른 것에 대한 대가가 있다. 모든 것을 함께해야만 하고 무엇이든 자세히 이야기해줘야만 했던 피터와 달리 남편 리처드는 그녀에게 자유와 독립을 허용했다. 피터의 구속을 피할 수는 있었지만 피터와 헤어진 후 몇 년 동안 슬픔과 괴로움을 안고 지냈다. 그와 같은 아쉬움과 더불어 지금 바라보고 있는 모든 것이 분명 그녀 없이도 계속될 것이었다. 반대로 선택하지 않은 것이 선택한 것보다 더 낫다는 증거를 끝끝내 알아낼 수 없다. 나와 너로 인해 생겨날 일을 유사한 다른 사람과 다른 사람의 사례로 미루어 짐작할 도리가 없기 때문이다. 나와 너는 유일의 관계를 이룬다. 너가 아닌 그를 내가 만났다면, 나는 전혀 다른 유일의 관계를 형성할 것이다. 나와 너는 상호작용에 의해 전혀 다른 세계를 형성할 것이기 때문이다. 클라리사는 피터와의 결혼에 대해 짐작하여 '파멸'에 이르렀을 것이라고 상상한다. 그러나 피터는 피터대로 클라리사는 클라리사대로 서로 맺어지지 않은 데 대한 대가를 치르고 있다.

미국의 시인 로버트 프로스트Robert Frost의 유명한 시 〈가지 않은 길The Road Not Taken〉(1916)에는 노란 숲속에 난 둘로 갈라진 길이 있고 두 길을 한꺼번에 갈 수 없음을 아는, 그 길을 눈 닿는 곳까지 멀리 보면서 오랫동안 서 있는 여행자가 있다. 그는 마침내 한 길을 선택했으며, 먼 훗날 선택하지 않은 길을 갔더라면 모든 것이 달라졌을 것이라고 말할 것이다. 그러나 선택하지 않았던 길로 가서 어떻게 되었을지는 알 수 없다. 그런데도 인간은 누구나 선택하지 않은 길에 대해 회한을 갖는다. 나이가 듦에 따라 과거에 더 사로잡히는 것은 시간의 유한성을 더욱 날카롭게 인식하기 때문이다. 앞서 말했듯이, 살아온 날이 긴 만큼 그 날들에 대한 후회의 양도 늘기 때문이다. 그러나 폴란드 시인 비스와바 쉼보르스카Wislawa Szymborska가 이야기하듯이, 똑같은 일은 일어나지 않는다. 엇비슷한 것 같아도 꼭 같지는 않은 하루가 이어지며, 꼭 닮지는 않은 느낌과 감정이 일어난다. 그렇게 다시 오지 않을 하루와 순간이기에 삶은 연습이 불가능한 것이다.

전쟁과 전염병으로 많은 사람을 잃었을 뿐만 아니라 자신이 병을 앓고 난 후 댈러웨이 부인이 바라본 하루는 그 모든 시간을 나타내며, 삶의 전부다. 그 하루를 살아내는 것은 대단히 위험한 모험이다. 하루는 대단히 짧고도 긴 시간이다. 동일한 3분은 알아차리지 못할 만큼 빨리 지나가지만 무료할 정도로 서서히 가기도 한다. 시간의 이와 같은 이중성은 오롯이 견뎌야 할 인간의 조건이기도 하다.

종결된 상태가 아니라 과정에 놓았을 때, 나이 듦은 태도와 성격을 만드는 과정이다. 〈애러비〉의 소년도, 앞서 1장에서 이야기한 새로운 일을 시도한 32세의 여성도 자기의 모양을 만들어 간다. 우연히 만나서 맺은 인간관계로부터, 직장으로부터, 환경과 세계로부터 스스로의 모양을 갖추게 된다. 첫눈에 반하여 고백하는 것으로 완결되는 사랑이 아니라 후속 이야기가 남아 있는 사랑과도 비슷하다. 먼저 다가가 고백할지, 포기할지 결정해야 한다. 고백이 받아들여지면 만남을 어떻게 해야 할지도 결정해야 한다. 어디에서 만나야 할지, 어디를 가야 할지, 무엇을 먹을지, 무슨 대화를 나눌지 모든 것이 선택 사항이지만 잘될 수도, 잘못될 수도 있다. 단 한 번에 성공과 실패가 결정되지는 않지만 좌절하거나 포기할 수는 있다. 대부분의 동화

책은 '그들은 행복하게 잘 살았습니다'로 끝을 맺는다. 이처럼 끝이 좋으면 다 좋다는 이야기가 삶을 지배했던 적이 있다. 과정이 고생스럽더라도 결말이 성공적이라면 고생은 전부 보상된다는 뜻이다. 중세 유럽의 삶이 그러했다. 중·하류층 사람들은 지금이나 그때나 형편이 좋지 않았으나 중세 사람들은 신 중심 사회에 살았으므로 사후세계를 굳게 믿었다. 사후에 신이 함께하실 것이니 현세의 삶이 고생스럽더라도 힘을 내야 한다고 생각했다.

엘리자베스와 다아시의 결혼으로 끝을 맺는 《오만과 편견》이 출간된 1813년으로부터 오랜 시간이 흐른 뒤, 현대의 학자들은 엘리자베스와 다아시의 결혼 이후에 관심을 갖기 시작했다. 장자에게만 재산과 토지를 물려주는 한정상속이라는 제도에 따라 아무것도 물려받지 못한 여성들은 19세기 초반까지 결혼 말고는 살아갈 수 있는 방법이 없었다. 그러므로 집안의 결정에 따라 혼인하는 것이 일반적이었던 것과는 달리 사랑에 중점을 두고 결혼을 결정하려는 것은 그 시도만으로도 당시로서는 사건이었다. 따라서 사랑에 기초한 결혼이라는 현대의 세계관에 비추어 엘리자베스와 다아시의 결혼 생활을 짚어보는 글들이 발표되었다. 지력을 갖춘 엘리자베스지만 다아시로부터 돈을 받아서 집안 살림을 해야 하는 입장을 놓고 볼 때, 두 사람이 동등한 관계를 형성하기는 어려웠을 것이라는 평이 핵심이었다. 현대의 독자들은 결혼 후에 이전과는 전혀 다른 생활 세계가 기다리고 있다는 사실을 잘 알고 있다. 낭만적 사랑에 취해 있다가 그 낭만성이 서서히 빠져나간 뒤 생활 세계가 전면에 등장한다. 따라서 소설 끝의 마침표에서 책을 덮는 순간, 독자는 두 사람의 첫 만남을 잘 알고 있지만 두 사람의 마지막은 알지 못한다. 다아시의 오만과 엘리자베스의 편견이 화해를 이루는 과정은 두 사람의 마지막을 상상하게 하지만, 그 상상과 달리 삶은 포괄적이지 않고 파편적이며 사소한 것들로 만들어진다. 따라서 그 이후는 미결정적이다.

새 수건에서는 보통 석유화학 제품 냄새가 난다. 세탁기에 넣고 돌리기 전까지는 세탁기에 한 번 돌린 후에도 섬유의 먼지가 묻어 나온다. 몇 번의 세탁 이후에야 제대로 된 수건 역할을 한다. 그리고 쓰임새만큼 사용되다가 수명을 다한다. 변색이 되고, 세탁을 해도 고유한 냄새가 배어 빠지지 않는다. 새로 구입한 키보드는 자판이 빡빡하다. 그러다가 사용자의 손가락 힘과 속도에 길들여지면 초반에 느껴졌던 거슬림이 사라진다. 나는 비로소 키보드를 사용하고 있다는 사실을 잊어버린다. 그리고 다루어지던 방식대로, 사용된 양에 따라 제각각의 수명을 갖는다. 맨 처음 새것인 순간은 사물의 속성만 지니고 있다. 그러나 사용자의 성격과 태도에 따라 다른 방식으로 길들여진다. 그렇다면 사물의 속성이 사람에게는 영향을 미치지 않는 걸까? 그렇지 않다. 사물의 속성 또한 사람을 길들인다. 만들어진 물질성은 제각각 다르다. 촉감, 속도, 사용 방법도 마찬가지로 사용하는 사람이 익숙해져야 할 것들이다. 그러니 사람은 더할 나위 없다. A와 B라는 다른 사람이 만났다고 그 관계가 하나로 고정되는 것은 아니다. A의 성향에 따라, B의 성향에 따라, 무엇보다 A가 C가 아닌 B를 만났기 때문에, B가 D가 아닌 A를 만났기 때문에 A와 B만의 '사이'가 발생하는 것이다. 그 '사이'를 A와 B가 에너지로 받아들일지 마찰로 반응할지가 결정된다. 이 모든 것은 첫 순간에 알 수도 없으며, 저절로 이루어지는 것도 아니다. A에게만, 혹은 B에게만 향하는 에너지와 그 에너지를 어떻게 결합하고 증폭시킬지에 따라 A와 B '사이'에는 '우리'가 생성된다. 그렇다 해도 완벽하게 서로를 이해되는 것은 아니며, 이해 불가능함은 묻혀서 기다림으로 바뀔 뿐이다.

기다림

나이 듦은 기다리는 일에 익숙해지는 법을 배우는 것을 포함한다. 자발적으로 배운다기보다 수동적으로 익숙해지는 것에 가깝다. 끊임없이 먼저 시작하고, 찾고, 배울 수는 있다. 그러나 아는 만큼 보인다고 한 것처럼 나이 드

는 과정에서는 선험, 즉 안 해봐도 안다는 관념에 빠지게
된다. 태어나서 엄마의 젖과 한 몸이라고 생각했다가 그것
이 눈앞에서 사라지는 것을 경험하고, 울음을 통해 다시
소환할 수 있다는 사실을 발견하지만 곧 울음도 통하지 않
는 시점에 다다른다. 욕망하는 것들을 모두 가질 수 없다
는 사실을 알게 되면서 타협하고, 포기하면서 어른이 되고
나이가 든다. 타자는 나를 행복하게도 불행하게도 만든다.
나와 너는 끊임없이 서로에게 말을 걸지만 각자의 언어는
서로가 정확히 알지도 듣지도 못하는 방식으로 빗나간다.[*]

나는 우선 집에 돌아오면

스타킹을 벗고 손발을 씻고

하루분의 화장을 지우고

대못에 가 걸린다

네가 나를 데리러 오리라는 생각

네가 날 데리고 점점점

높은 가지로 오르리라는 생각

그 생각에 걸린 채

푸줏간의 살덩이처럼

[*]   주디스 버틀러, 《윤리적 폭력 비판: 자기 자신을 설명하기》, 양
      효실 옮김, 인간사랑, 2013, 103쪽 참조.

천만 근 무거운 살주머니로

밤새도록 대못에 걸려

눈알을 디룩거린다

발밑으로 피가 다 빠져나가는 것도

모르는 채*

김혜순의 〈기다림〉(1990)에서 '네가 나를 데리러 오리라는 생각'과 '네가 날 데리고 점점점 높은 가지로 오르리라는 생각'은 '나'의 상상과 욕망을 나타내며, 충족될 수 없는 것들로 증명되는 경험이다. 이때 대못에 걸린 '나'의 처절한 기다림은 '너'와 나눈 이야기 때문일 것이다. 그렇다면 오지 않는 '너'는 약속을 지키지 않은 나쁜 사람이었을까? '너'는 어떤 말을 했고, '나'는 그것을 듣는 과정에서 내 식대로 해석했을 것이다. 그것은 '너'의 의도를 빗나가고, 빗나간 거리는 '나'가 채워 넣은 욕망의 양일 가능성이 크다. 나-너 사이의 하이픈 또한 나이를 먹는다. 상대의 말에 귀 기울이던 처음 순간에서 서로를 알아듣는 얼마간의 시간을 지나, 다시금 듣지 못하고, 듣지 않는 시간에 이른다. 하이픈은 서로를 포갠 순간을 스쳐 다시금 멀어진다.

나이 듦에서 기다림이 쉽게 적응되는 것은 아니다.

*　　김혜순, 《우리들의 음화》, 문학과지성사, 1990, 42쪽.

시간 위에 누적된 기다림은 체념에 가까워지며, 그만큼 더욱 열광적이고 권태롭게 만든다. 가브리엘 마르케스는 《아무도 대령에게 편지하지 않다》(1961)에서 기다림의 속성이 어떠한 것인지를 보여준다. 화자는 그가 60년 동안 기다렸다고 말한다. 그 긴 기다림은 대령에게 희망과 절망, 수치를 안겨주었다. 닭싸움 터에서 사살당한 아들은 수탉을 남겼고 10월인 지금 대령은 1월의 닭싸움에서 돈 벌기를 기다리는 중이다. 그는 매주 금요일이면 기다리는 우편물이 왔는지 확인하기 위해 우체국에 간다. 그는 '괴로운 불안'을 안고 우편선이 부두에 들어오는 것을 바라본다. 우체국장이 우편선에 올라 우편낭을 풀고 그것을 어깨에 메는 순간부터 대령은 그에게서 눈을 떼지 않는다. 그가 기다리는 것이 편지임을 알 수 있다. 그러나 편지의 내용보다 대령의 기다림이 어떤 것인지에 집중해야 한다. 그는 우체국에서 우체국장이 편지를 구분하는 것을 바라보고 있으며, 그의 느린 동작에 화가 난다. 마침내 우체국장이 편지를 나눠 주는 동안 초조하게 기다린다. 그러나 우체국장은 고개도 들지 않고 "대령님에게 온 것은 없어요"라고 말한다. 대령은 창피한 기분이 들었고, "무엇을 기다린 건 아니오"라고 거짓말을 한다.

그는 제대 군인으로서 새 연금 대상자에 속하는지에 대한 소식을 5년째 기다리고 있다. 1월의 닭싸움 때까지 그의 가난은 지속될 것이다. 아내는 천식을 앓고 있지만 의사는 괜찮다고 한다. 대령은 수탉이 이길 때까지 치료비를 내지 못하는 형편이다. 집에는 수탉 외에 팔아서 돈을 마련할 만한 물건이 거의 남아 있지 않다. 목요일이 되자 그는 다시 우편물이 오는 금요일을 기다린다. 이번에 우체국장은 이렇게 말한다. "아무도 대령님에게 편지를 안 씁니다." 마음을 훼손당할 만한데도 대령은 그다음 주 금요일에도 우편선이 오는 시간에 부두로 가, 또다시 빈손으로 돌아온다. 대령의 군인 연금 대기 순서는 1823번이며, 똑같은 번호가 복권에 두 번이나 당첨될 동안에도 대령 부부는 아무 소식을 받지 못했다. 19년 전 의회가 관련 법안을 통과시켰고 대령은 자기의 청구권을 증명하는 데 8년이나 걸렸다. 이어 연금 수혜자 명부에 자기 이름을 기입하는 데에 6년이나 걸렸다. 그것이 대령이 받은 마지막 편지였다.

기다림은 몰두한 일의 과정이며, 기다림이 길어졌다는 것은 선택의 폭이 좁아졌다는 것이다. 대령은 매주 금요일 연금에 대한 새 소식을 기다린다. 그러나 마침내 그가 들은 것은 그의 기다림을 걱정하는 한마디였다. "아무도 대령에게 편지를 쓰지 않습니다." 그럼에도 그는 금요일에 우체국에 간다. 우체국장은 "틀림없이 오기로 되어 있는 것은 죽음뿐입니다"라고 말한다. 우체국장은 죽음의 극단적이고 넘어설 수 없는 가능성을 날카롭게 지적하고 있다. 죽음을 받아들인다는 것이 기다린다는 의미는 아니다. 그가 아내에게 희망을 먹고 살 수는 없으나 그것이 사람을 지탱시켜 준다고 말하는 이유이기도 하다.

④

앎을 앎

타자화되는 나이

나이 듦은 인간의 존재론적 문제임에도 불구하고, 사회에 공존하는 개인마다 인생 주기가 다르기 때문에 개인의 문제에 더 가깝다. 그런 만큼 나이 듦의 중심에 고독이 자리한다. 고령의 노인들은 대부분의 인간관계를 가족 관계 안에서 맺고 있다. 나이가 들수록 사회적 관계의 단절이 급속화되면서 감정적 관계를 맺을 수 있는 범위가 가족으로 한정되는 경우가 많다. 이것마저 불가능한 독거 노인도 있다. 마르케스의 소설을 예로 들었으나 한국 사회에서 고독사는 일상이 되었다고 할 정도로 다양한 연령대에서 일어나고 있으며, 특히 고령화와 부실한 노후 대비, 가족 해체의 가속화 등으로 고독사의 위험에 노출된 사람들이 증가하고 있다.

나이 듦이 표상하는 이와 같은 부정적인 이미지는 어떤 기회가 다시 오지 않으리라는 단절을 예감하기 때문이다. 외적으로나 내적으로나 더 이상 뻗어나가지 못할 것이라는 시간의 유한성을 느끼기 때문이다. 무엇이 될 수 있을 가능성을 모두 빼앗길 것이라는 두려움에 휩싸인다. 느낀다 해도 속수무책인 상태이므로 한계 상황에 처하기도 한다. 한계 상황에 처한 인간은 자신의 육체를 기계에 비유하고 사용 기간이 있는 것처럼 취급하는 것에 대해 큰 불쾌감을 갖지만, 인간의 정신과 육체 또한 분명히 사용

기간이 있다. 능동적이고 주체적으로 삶을 주도하던 시간에 놓여 있다가 그것이 점차 어려운 상황에 놓일 때, 그 사람은 대상이 되고 선택권을 잃는다.

옛날에 가지고 있던 능력과 순발력, 체력은 현재의 현실과 괴리된다. 기억은 현재를 적응하기 어려운 곳으로 만들기도 한다. 예전과 같은 육체는 없으며, 기억력과 집중력이 떨어지기 시작한다. 그것은 자신의 능력과도 직결되며, 조금씩 인정하는 단계를 거치고 스스로의 몸에 귀를 기울이게 된다. 또한 그러한 상황에 쉬이 적응하지 못하므로 자기 고유성을 상실할 수도 있고, 태도에도 영향을 받는다.

사랑은 나이 드는 과정에서 특히 의미가 지워지고 퇴색되는 것 중 하나다. 인생에서 사랑, 특히 남녀의 사랑은 세계의 공통 감각이라고 할 정도로 노래와 소설과 시의 내용을 차지해왔다. 그런데 나이가 들수록 사랑은 증발한다. 사랑은 아름다움과 결합된 젊음과 밀착되어 있다. 그만큼 신체적 쇠퇴는 정신적 쇠퇴를 불러온다. 나이가 들면서 점차 그 사랑은 부성애 또는 모성애로 전환되고, 우정이나 이웃애 등으로 옮겨간다. 남녀의 사랑이 구심점이 아니라 남녀의 무성화에 따라 남녀의 사랑을 논외로 하게 되는 것이다. 혹은 늙은 남자와 어린 여자, 늙은 여자와 젊은 남자의 관계를 묶어 비정상의 모델로 삼는 경우가 많다.

죽기 전에 반드시 수행할 삶의 임무가 진정한 사랑임을 보여주려는 듯 마르케스의 소설 《내 슬픈 창녀들의 추억》(2004)은 90세가 될 때까지 제대로 된 사랑 한 번 못한 노인이 다가오는 죽음을 조롱하면서 삶의 한가운데로 온몸을 던지게 한다. 그는 어느 가게에 들어가 점원에게 곧 아흔 살이 된다고 말하는데, 점원은 곧바로 스무 살은 젊어 보인다며 그가 듣고 싶은 대답을 해준다. 그러나 그는 버스에서 만난, 은퇴한 매춘부인 아르멘타에게 늙어가는 것 같다고 말한다. 이에 아르멘타는 우리는 이미 늙어 있다며, 우리가 마음으로 늙음을 느끼지 못하더라도 사람들은 모두 그렇게 보고 있다고 대꾸한다. 아르멘타의 말은 의미심장한데, 경험이, 곧 삶의 실천이 둘러싼 세계와 어떻게 연결되어 있는지, 다른 사람들이 그들을 어떻게 바라보고 있는지 이해하고 있기 때문이다. 대화에서 아르멘타는 '우리'라는 말을 사용한다. 그리고 노인이 아흔 살 생일 전야에 사창가 포주인 로사 카바르카스에게 전화해 처녀를 구해 달라 했던 이야기를 듣고, 혼자 죽는 것보다 더한 불행은 없으니 마음 가는 대로 하라고 말한다. 90세 노인의 이런 행동을 이해하는 것은 '우리', 즉 비슷한 연배에 있는 같은 세대가 느끼는 동질감 때문이다. 그들은 서로의 마음을 아는 것이다.

　나는 병원에 갔다가 90세 이상으로 보이는 노인이

지팡이에 의지해 혼자 진료를 받는 모습을 본 적이 있다. 굽은 허리 때문에 몸을 펴 위쪽을 볼 수 없는 상태에서 노인은 지갑을 열고 팔만 최대한 올린 상태에서 진료비를 지불했다. 그분을 눈으로 따라가다 보면 나의 시선도 느려지며, 꺼내지 않은 입속의 말조차 느려지는 것 같았다. 세계는 개인을 향해 빨리빨리 움직이라 하고, 우리 또한 그 속도를 맞추려고 안간힘을 쓴다. 타인에게도 같은 것을 강요한다. 느린 육체의 노인에게 그와 같은 속도를 요구해봐야 소용없다. 노인은 그렇게 해서 어떤 누구로부터도 방해받지 않는 것처럼 보였다. 노인을 둘러싼 공기는 마냥 조용하고 느렸다. 그러나 이런 나의 생각은 노인 당사자의 목소리가 아닌 나의 상상에 지나지 않는다. 사람들은 이런 식으로 노년을 추측할 따름이다.

사람들이 세계를 이해하는 방식은 이와 같다. 우리를 둘러싼 세계와 접속되어 경험한 것이 내재화되어 있으면서도 늙음은 나를 바라보는 타인을 향해 더 잘 표상되어 나타난다. 느리고, 웅얼거리며, 잘 알아듣지 못하는 90세 노인의 사랑은 세간의 사람들에게 '망측한' 화젯거리임에 틀림없다. 자신을 주관적으로만 바라본다면 자신의 나이를 망각할 테지만, 자신을 객관적으로 바라보기도 하므로 나이 드는 과정에서 사랑을 추한 것이나 불가능한 것으로 만들어버린다. 관찰자는 사랑의 당사자에게서 일어나는 상호작용을 이성적으로 평가하는 것이 가능하다. 사랑은 젊고 아름다운 것들과 짝을 이루는 법이다. 그처럼 나이 듦에서 삭제되는 것 중 하나는 섹슈얼한 사랑이다. 90세 생일부터 덤으로 산다는 생각에 사로잡혀 완전히 새로운 인생을 살기로 한 노인의 첫 번째 임무는 사랑을 찾는 것이다. 그는 60세에 이제 더 이상 실수할 시간이 남아 있지 않을 수도 있다고 생각했으며, 70대는 인생의 마지막 기간일 수 있다고 생각했다. 90세가 되어서는 인생이 흘러가버리면 그만인 것이 아니라, 석쇠에 올려진 몸을 뒤집어 앞으로도 90년 동안 나머지 한쪽을 익힐 수 있는 유일한 기회라고 생각하며 흡족해한다.

이 세계에 가득 찬 듯한 규칙성은 모두 우리가 겪어온 생물학적·사회적 역사의 산물이다. 표상주의(객관주의)와 유아론(관념론)에 빠지지 않도록 줄타기를 해야 한다. 타인과 공존하면서 산출하는 전체 기제가 말해주듯이, 타인과 공존하면서 산출하는 세계야말로 아주 전형적인 규칙성과 가변성의 혼합, 고정된 것과 일시적인 것의 뒤섞임을 드러낼 것이다. 우리는 존재함과 동시에 인지적 '맹점'을 산출한다. 이것을 없애려면 또 다른 영역에서 또 다른 맹점을 산출하는 수밖에 없다. 우리는 우리가 보지 못하는 것을 보지 못한다. 그리고 우리가 보지 못하는 것은 존재하지 않는다. 칠레의 철학자 움베르토 마투라나와 프란시스코 바렐라는 오직 어떤 상호작용 때문에 정상상태가 깨질 때, 이를테면 갑자기 다른 문화적 환경 속에 놓이고 그것에 관해 성찰할 때 비로소 새로운 형태의 관계들을 산출하면서 전에는 그것을 깨닫지 못했거나 당연한 것으로 보았음을 알게 된다고 실명한다.

노화 과정에서 남녀의 젠더 문제는 여전히 여성에게 차별적으로 적용되고 있지만 그 또한 남성, 여성 각각에게 개별적으로 적용된다. 남녀를 관계적으로 만드는 섹슈얼리티와 섹스는 이야기 속에서도 기피되어 왔다. 의학적이고 생물학적 측면이라면 몰라도 사회학적으로는 충분히 배제되어 왔다. 따라서 90세 노인이 사랑을 논한다면, 사람들은 마음먹고 너그럽기로 결심하지 않는 한 불편해지는 경험에 놓인다. 분명 사랑은 감정적 측면이 크기 때문에 섹스와 섹슈얼리티가 전부라고 말할 수 없음에도 쇠퇴하는 육체가 사랑을 불편하고 우스꽝스럽게 취급하게 만드는 것이다. 나이 듦을 점잖게 받아들이는 문화에서는 언짢은 주제일 수 있다. 사람들은 사랑에 희망을 가지면서도 나이 듦에서는 사랑보다는 교류와 같은 네트워크 정도만을 기대한다. 그런 점에서 마르케스의 《내 슬픈 창녀들의 추억》에 제시된 노인의 생각은 시사하는 바가 있다. 노인은 자신은 한 번도 섹스할 수 있는 나이의 한계를 염려해 본 적이 없다며, 의사와 상담하는 80대 청년들을 보며 빙

굿 웃는다. 노인은 그 '80대 청년'들이 90대가 되면 지금의 문제가 더 악화되라는 사실을 모른다고 말하며, 그것은 살아가면서 겪을 수밖에 없는 위험이라고 생각한다. 나이 들어가는 과정에서 성에 대한 이야기는 회피할 주제로 취급되며, 특히 노년의 성에 관한 담론에는 노인 세대의 직접적인 목소리가 전혀 반영되지 않고 있다.

소설은 소설의 픽션적 특성 때문에 비현실적이라는 전제하에 접근하게 되지만 현실이 더 허구적인 경우가 많다. 그런데도 소설은 우리의 마음을 누그러뜨린다. 죽음을 들여놓은 삶에서 90세 생일에 처녀와의 동침을 욕망하는, 현실에서 목격했다면 불편했을 그 감정에 대한 불편함을 완화시키고, 그 감정을 이해시키는 힘이 있다. 이러한 메시지는 우리 삶을 다양하게 비춰준다는 점에서 자기만의 협소한 경험 반경에서는 알 수 없는 것들을 알 수 있게 해준다. 안다는 것은 곧 이해한다는 것이다. 이해의 문제는 '곁'에 있을 때 자신의 영역으로 받아들여지며, 숙고의 시간을 얻는다.

나는 반려동물로부터 이와 비슷한 경험을 한 적이 있다. 반려동물에 대해 갖는 태도는 감정을 기입하지 않는 상태에서 반려동물에게 들어가는 의료나 사료 비용, 액세서리, 장례식, 스킨십 등의 정보를 반려동물을 키우는 사람이나 뉴스 등을 통해 보고 들을 때 달라질 수 있다. 어린 시절을 제외하면 나는 반려동물을 키운 경험이 없다. 한국의 대학에서 몇 년 강의했던 미국인 친구가 한국에서 키우다가 데려간 길고양이 김치는 내가 친구를 방문할 때마다 참아내야 하는 존재였다. 미국으로 돌아갈 때 친구와 동행한 김치는 늙고 암에 걸려 안락사할 때까지 친구 어머니의 집 2층을 독차지했다. 어릴 때부터 그 집에 살던 강아지 맥스는 김치보다 덩치가 몇 배 컸지만 김치가 있는 2층에 올라갈 생각도 못했다. 친구와 대형마트에서 장을 보는 날이면 나는 김치와 맥스가 먹는 각기 다른 종류의 사료가 카트에 가득 쌓이는 것을 보았다.

김치는 열여섯 살 정도에 죽었다. 매년 수의사에게 가 정기검진과 예방접종을 받았다. 그녀의 삶은 꽤 쉬웠다. 하루에 약 18시간의 수면을 즐기고 나면, 어슬렁거리며 집을 돌아다녔다. 맥스는 항상 김치와 놀고 싶어했으나 김치는 맥스를 좋아하지 않아 피했다. 열다섯 살이 될 때까지 큰 문제를 겪지 않은 김치는 나이가 들면서 힘들어졌다. 친구는 김치를 쓰다듬다가 복부에서 덩어리를 발견했다. 유방암이었다. 일반적으로 고양이에 대한 암 수술은 효과적인 것으로 알려져 있었으므로 즉시 종양 제거 수술을 받았다. 그러나 김치의 경우 불행하게도 1년 내에 암이 재발했다. 종양의 성장 속도가 빨라 재수술을 받는 것은 잔인한 일일 수 있었다. 너무 아프지 않도록 진통제를 투여했지만 고통은 나날이 분명해졌다. 결국 수의사의 주사를 맞고 김치는 세상을 떠났고, 화장되어 집 앞마당에 묻혔다. 김치가 죽은 후 친구는 다른 고양이를 원하지 않는다고, 맥스로 충분하다고 했다. 그러나 김치가 죽은 지 몇 달 후, 친구는 유기묘였던 클레오를 입양해 키우기 시작했다.

수년 전 친구의 집에서 잠시 지냈을 때 나는 외출할 때마다 검은 양말 바닥을 먼지 제거기로 털어내야 했다. 친구는 썩 유쾌하지 않은 표정으로 나를 바라보곤 했다. 자신의 가족에 대해 좀 무례하다고 생각했던 것 같다. 나는 오히려 함께 사는 어머니 미시즈 밀러가 고양이털을 묵인하고 있다는 사실에 연일 놀라고 있었다. 그녀는 퇴직한 노부인으로, 늘 청소를 하고 계셨다. 그런데도 딸이 한국에서 데려온 고양이에 대해 반대하지 않고 자신의 집에서 지낼 수 있게 했다. 심지어 딸이 몇 년 동안 다른 지역에서 직장 생활을 하게 되어 김치를 데려갈 수 없게 되자 그동안 김치를 돌봐주셨다. 그런데 그 많은 고양이털에 대해 내색도 하지 않았다는 것이 지금도 기이하다. 친구 집에 머무른 한 달 동안 어머니는 며칠에 한 번씩 베개와 이불 커버를 세탁하고 다림질하여 갈아 끼우셨다. 물론 방 정리와 청소는 내게 맡겨 두셨다. 당시 나는 좋든 싫든 김치나 맥스와 자주 부딪칠 수밖에 없었는데, 맥스와는 같이 놀아 줘야 했다. 수컷인 맥스는 늘 집 안을 뛰어다녔고, 공을 집어 내 앞에 내려놓았기 때문에 나는 그 일상 속으로 스며들어갈 수밖에 없었다. 그렇게 정이 든 맥스는 내가 한국으로 돌아가려고 공항으로 가던 새벽에 문 밖으로 뛰어나와 자동차 트렁크에 자리를 잡았다. 따라가겠다는 심사였다. 친구가 맥스를 집 안에 들여놓자 거실 창문에 딱 붙어서 내가 움직이고 손 흔드는 모습을 내내 지켜보았다. 이런 개인적 경험은 사실 반려동물에 대해 이야기할 때 객관화를 어렵게 한다. 나는 반려동물을 키우지 않지만, 사람들이 자신의 반려동물에 대해 이야기할 때 귀 기울이는 편이다. 맥스와 김치를 대하며 느낀 감정이 있으므로 그들의 반려동물에 대한 애정을 이해하는 것이다.

김치와 맥스의 이야기는 태도에 대한 것과 관련이 있다. 우리는 경험한 것과 들은 이야기는 이해하고, 어떤 것은 들으려 하지 않아 몰이해하는 습관이 있다. 스스로 나이 드는 경험을 하는 것 못지않게 타인의 나이 듦, 노화, 늙음을 어떻게 수용해야 하는지가 결국 우리의 태도를 형성하며, 사회적이고 문화적인 것에도 영향을 미칠 것이기 때문이다. 이것은 다시 말해 삶에 대한, 타인에 대한, 타인과 어떻게 공존할지에 대한 숙고와도 깊은 관련이 있다.

늙음의 이름

노화와 늙음에서 질병의 이야기가 빠지지 않듯이 질병에서 노화와 늙음의 이야기도 빠지지 않는다. '노화'와 '늙음'이라는 단어가 지니는 이러한 성격 때문에 '나이 듦'이라는 조금은 포괄적인 표현을 선택했던 것이다. 우리는 언어가 지닌 여러 상징성을 통해 언어 기호의 의미를 단순한 의사소통의 맥락보다 더 넓게 파악한다. 청동기 시대에는 기대수명이 18세였지만 로마제국 시대에는 35세였고 21세기인 지금은 80세이다. 따라서 노화와 늙음의 해석 범위가 각기 다를 수밖에 없다. 언어는 영원히 종결되는 코드가 아니다. 사용 시기와 장소에 따라, 상호 문화적 또는 내부 문화적 사용 형태에 따라 가변적인 것이다.* 지금 노화와 늙음이 각종 매체에서 자주 담론화되는 것은 그것이 부정적이든 긍정적이든 사회 전반에서 핵심 담론으로 다루어야 하기 때문이다. 늙음이 부정적인 것이 되는 바탕은 노인 인구 비율이 증가하고 노인에 대한 처우 문제가 전면에 부각되었기 때문이다. 최근 들어 노인 인구에 대한 국가적 차원의 돌봄 서비스, 장기 요양과 같은 사회 시스템이 생겨나고 있으나 보건복지부라는 하나의 부처가

---

* 프랑크 하르트만, 《미디어 철학》, 강웅경 옮김, 북코리아, 2018, 163쪽 참조.

노인 인구에 대한 모든 문제를 전부 취급하기에는 역부족이다. 그렇다 보니 노인 인구가 사회의 큰 짐이 되었고 노년과 노인 세대에 대한 차별과 연령주의, 부정적 담론들이 한국 사회에 양산되었다.

　　나이 듦을 개인의 철학으로서 논하기에는 노인 인구가 편안하고 여유 있게 살 수 있는 현실적 조건들이 갖추어져 있지 않다. 사실 고령 인구 비율의 증가가 노인 한 명 한 명의 다양성을 전부 담론화할 수는 없다. 노인 세대에 대한 포괄적인 해석들이 언어매체를 통해 사회적으로 논의되면서, 노화와 늙음을 둘러싼 의미의 파생은 부정적이 되고 어떤 방법 제시보다는 해석에 치우치는 경향이 나타나고 있다. 고령화 현상은 이미 오래전부터 시작되었다. 그러나 사회적·문화적으로 진지하게 받아들이는 대신, 그저 막연하게 육체의 쇠퇴, 의존, 정신적 문제(치매, 알츠하이머), 사회적 비용의 증가 등으로 문제시하는 것에만 치우쳤다. 누구나 노인이 된다는 말은 사람들을 불행한 방향으로 자극했고, 행복한 삶에 강박적일 정도로 집착하는 결과도 낳았다. 한편 노년을 보내는 긍정적 방향은 오직 '젊게 살아야 한다'는 담론으로만 종결되었다. 그런데 모두가 모든 시기에 나이가 드는 경험을 한다. 늙음의 개념을 이해할 때 언어의 역할이 중요한 것은 인간이 언어로 구성된 존재이기 때문이다. 언어로 전달되는 거칠고 부정적인 노화와 늙음은 개인이 오롯이 견딜 만한 것으로 비치지 않을 것이다. 질병과 고통으로 인한 일상의 파괴를 외면하겠다는 것이 아니다. 문제는 그렇지 않은 일상 세계가 인생 주기 어느 때나 이어지기 때문이다.

짧지 않은 질병과 고통의 시기는 공적으로 아무것도 하지 않는 시기이기도 하므로 사람들은 아무것도 하지 못할 수도 있다는 두려움을 가지고 있다. 스스로가 '늙었다'는 수식어 속에 갇히는 것에 대한 두려움도 크다. 말로는 60대가 젊다고 하지만 50세가 넘으면 사람들은 나이로 인한 경험적 철학이 깊어지는 것보다 노화의 어휘에 더 많이 갇히게 된다. 앞장에서 언급한 것처럼 외관은 물론 나이의 지시성이 그 사람의 존재를 근거 짓고 최종적으로 해석하게 만들기 때문이다. 그렇게 나이의 무게를 짊어지면서 나잇값은 태도들을 전형화시킨다. 한편 외관은 어떻게든 '젊음의 연장' 또는 '젊은 노인'에 맞춘 성공적인 노화를 이루어야 한다. 나잇값과 외모는 모순적으로 한 사람을 형성하고, 이때 노년 담론은 증발한다.* 성공적인 노화를 젊음의 등식으로 취급하면서 젊음의 행동 양식은 물론 외모를 표방하는 것이다.

노인 세대는 늙어감의 기술을 익히라는 시대적 요청과 마주하고 있지만, 여전히 만성질환 이환율이 높으며 처방약과 함께 비처방약의 복용량은 증가하고 있다. 아무 증상 없이 그냥 늙는 것이 아니다. 늙느라 바쁘다는 누군가의 말처럼 나이 들수록 싸우고 견뎌야 할 것이 많아진다. 이전까지 없던 증상이 나타나며 새로운 질병을 겪고 이겨내야 하기 때문이다.

《아무도 대령에게 편지하지 않다》에서 대령은 10월의 어느 날 아침이 '유독 견디기 힘든' 아침이었다고 괴로움을 토로한다. 그와 비슷한 아침을 수 없이 지나왔음에도 말이다. 괴로움의 토로로 소설이 시작되는 것은 커피 통에 남은 마지막 한 스푼의 커피가 오랜 기다림이 낳은 현실적 한계이자 삶의 한계였기 때문일 것이다. 대령은 커피 통 바닥을 긁어 끓인 커피를 아내에게 가져다주며 자신은 벌써 마셨다고 말한다. 아내는 늙고 병들어 숨 가쁜 소리를 내고 있으며, 등은 빳빳하게 굽었다. 이러한 모습은 기다린다는 것이 얼마나 지루하면서도 힘겨운 일인지를 고스란히 보여준다.

따라서 다른 세대를 바라보면서, 그 삶을 이렇게 저렇게 자로 재듯이 평가할 사이가 없다. 모두가 제각각의 모습으로 나이를 먹으며, 그 과정에서 분노하고 싸우며 살아간다. 늙느라 바쁜 것이다. 순응하고 타협하기도 하다가

* 한혜경, 「의료화 미디어 산업의 노년 담론에 대한 비판적 고찰: 젊음의 연장이 아닌 노년의 복원」, 《인문사회과학연구》, 13.1(2012): 77쪽 참조.

결국에는 전면적인 상실을 겪고, 자신의 육체에 귀 기울이고 궁극에는 화해해야 하는 순간이 온다.

육체는 고통받기 쉬운 육감적인 실체다.[*] 나이 듦에서 빠질 수 없는 것은 질병의 고통이다. 회복 후에 젊은 때처럼 고통이 없는 원래의 상태로 돌아가는 것이 쉽지 않으며, 완벽한 회복은 거의 불가능하다. 무엇보다 그 사실을 받아들여야 하며, 아픈 몸을 달래고 불편함에 적응해야 한다. 피로감을 회복하는 능력도 떨어질 뿐만 아니라 과로를 두려워하게 된다. 서양화가인 어느 선배는 나무 소재를 작품에 사용하는데, 여러 차례의 작업에서 직접 나무를 자르다가 손목 관절에 누적된 부하 때문에 수술을 하게 되었다. 담당 의사는 수술을 적극 권하기보다는 환자의 통증 호소 때문에 수술을 결정했다. 그러나 수술이 원래 기억하던 몸을 되돌려 주지 못하고 후유증을 남겼으며, 결국 예전 상태로 회복되지 않았다.

육체는 자체적인 회복 능력을 가지고 있다. 과거에는 수면을 통해 회복되는 질병도 많았다고 한다. 의학적 개입이 있다 해도 개인이 가진 체력, 즉 본연의 회복력과 면역력을 되찾아야 본래의 몸과 가까워질 수 있는 것이다. 이

---

[*]   알폰소 링기스, 《낯선 육체》, 김성균 옮김, 세움, 2006, 113쪽 참조.

러한 체력은 나이가 들면서 떨어질 수밖에 없다. 몸도 기계와 같이 사용된 흔적이 남는다. 따라서 특별히 아프지 않더라도 관리하도록 권장된다. 비타민 복용, 꾸준한 운동, 충분한 수면 등이 필요한 것이다. 더 많은 의학 지식이 밝혀지고 정보가 공유되면서 개인에게 부과되는 주의사항과 해야 할 일도 늘어났다. 내 몸은 내 것이지만 사회적으로 지향되는 표준적 몸에 귀속되는 만큼 타자화된 몸이기도 하다. 이때 몸은 목표지향적이 된다. 연령별 기준과 기대 수준에 맞춰진 사회적 몸에 맞춰져야 한다. 신체 나이와 자궁의 나이 등은 실제 연령과 반드시 같지는 않다. 몇 년 전 나는 나의 실제 나이보다 신체 나이가 10년 더 많다는 검사 결과를 들은 바 있다. 이런 말을 들으면 나는 더 이상 내 몸에 대해 모른 척할 수 없게 된다. 꾸준히 운동할 계획을 세우거나 영양소를 충분히 섭취하는 데 주의를 기울이려 하고, 건강 보조제 등을 처방받거나 검색하여 즉각적인 조치를 취하려고 한다.

이런 상황에서 노화와 질병의 경계는 의학 기술이 발전할수록 모호해진다. 치료적 개입이 가능하다고 밝혀지면 질병으로 분류된다. 장기화된 노년기의 고통을 불가피하다고 받아들일 수는 없다. 기술의 발달은 질병의 고통과 건강하지 못한 삶을 개선하는 데 분명한 역할을 해왔다. 노화를 피할 수 있다면 그것은 더없이 매력적인 말일 것이다. 화장품 회사나 제약 회사가 서로 다투어 투자할 만한 시장임에 틀림없다. 염색체 말단의 염기서열 부위인 텔로미어telomere가 노화와 직결되어 있다는 이유로 널리 알려진 것도 그런 이유다. 텔로미어의 길이를 유지시키는 텔로머레이스telomerase 관리 프로그램이 우후죽순 생겨나는 것도, 화장품과 의약품의 합성어인 코스메슈티컬cosmerceutical과 피부 과학과 화장품의 합성어인 더마코스메틱dermacosmetic이 등장한 것도 항노화 시장에 수많은 사람들이 몰리면서 가능해진 것이다. 세계 안티에이징 시장 규모는 2015년에 이미 300조 원를 넘어섰고, 국내 시장 규모는 12조 원에 달했으며, 그중 주름 개선 기능성 화장품이 8조 9천억을 차지했다. 노화 방지를 위해 출시된 화장품이 노화를 막는 데 어느 정도까지 효과적인지는 체감하기 어렵다. 나이 듦의 기호인 탈모와 새치, 주름, 기미에 대한 의약(외)품, 화장품, 시술, 수술 방법이 등장한 상황에서 관리하지 않는 것은 자기 배려가 부족한 것으로 여겨진다. 추가적으로 식단을 관리하고 운동도 코칭받아야한다.

더 이상 노화가 자연스러운 것이다, 자연스러운 것이 아니다라는 식의 구분은 논외가 되었다. 탈모와 새치, 주름, 기미를 자신이 선택한 바에 따라 그대로 놔둘 수는 있다. 그렇다 해도 이런 사람들에게는 '게으르다'나 '매력

131

이 없다'는 말이 수식된다. 즉 자신의 몸에 대한 선택의 자유가 있는가 하면, 선택할 자유가 없다고도 할 수 있다. 인간은 자기 존재 내에 타자성을 가지고 있다. 타자의 시선이 드리워지면서 그 타자성은 사람들로 하여금 '늙어도 괜찮다'는 의식을 빼앗는다. 이렇게 해서 노화는 육체적이며 정신적인 이중의 관리 차원에 놓이게 된다. 질병의 치료 확대에 따른 질병의 의료화는 노화의 의료화로 기술 방향을 확장했으며, 노화를 지연시키는 일에 주력하고 있다. 노화에 돈이 될 만한 투자 가치가 있는 것이다. 사람들은 늙기 싫어하고 죽음을 두려워한다. 그러나 이때의 노화 치료가 실제 노년기에 닥치는 육체적 쇠퇴와 질병을 대상으로 하지는 않는다는 점도 알아야 한다. 앞서 언급했듯이 고령의 몸에 대한 결정은 가족이나 의사의 의사결정권에 따르는 것이 보통이다. 고령의 노인은 자신의 몸에 대해 올바르지 않은 결정을 내릴 수 있다는 것이다. 노화 치료는 말 그대로 노화 전이나 노화 진행 중에 예방적 차원 또는 가능한 범위에서만 이루어진다. 이는 소비가 가능한 주체를 대상으로 한다는 뜻이기도 하다.

자기 몸은 고통이든 즐거움이든 직접 관여하는 주체의 고유한 책임 아래 있다. 자유나 노화를 피할 수 있다는 광고와 미디어의 상상력은 늙지 않는 몸에 대한 욕망을 만족시키는 것이 아니라 내가 미처 욕망하지 않았던 그것을 욕망하게 만든다. 나는 계속해서 욕망을 욕망하는 것이다.

앎을 안다는 것

어떻게 나이 들 것인가의 문제는 과거의 것이 아니라 지금의 것이다. '나이를 먹는다'는 표현과는 미묘하게 다른 것 같은 '나이가 든다'는 표현에서는 생물학적 변화가 느껴진다. 시간의 유한성에도 불구하고 인간의 삶에서 '완결된 나이 듦', 즉 노년기는 장기화되면서 정서적일 뿐만 아니라 신체적, 특히 외관에 집중된 '시각적인' 것이 되었다. 늙음이 '눈으로 보는' 대상이 된 것이다. 행동양식도 관심의 대상이 되었다. 과거와 달리 노년기가 길어지면서 노인이 사회적 교류를 갖는 횟수가 증가한 것은 물론, 가족과의 관계에서도 여러 문제를 양산했다. 물론 노인에 대한 고착화된 이미지와 별개로 장기화된 노년기는 '어떻게 살 것인가'에 대한 사회와 국가의 문제, 나아가 개인의 실존 문제로 부각될 수밖에 없다. 만약 기대 수명이 과거처럼 40세 수준에 머물렀다면 노년기를 크게 고려하지 않아도 되었을 것이다.

지금의 60대는 과거의 60대보다 훨씬 젊다. 외모와 건강 면에서도 노년기가 늦게 시작되는 것은 분명하다. 그러나 평균 수명이 40, 50세였던 때보다 훨씬 오랫동안 늙음을 경험해야 한다. 그 경험은 서서히 오는 듯하지만 절대 익숙해지지 않는, 낯설고 고통스러운 어떤 것이다. 시간의 흐름에 따른 변화로 외부 자극에 대한 반응이 저하되고 항상성을 유지할 수 있는 능력이 감퇴되면서 질병에 대한 감수성이 증가하고 "이롭지 못한 생리적 변화 과정"*에 놓이기 때문에 노화는 존재론적 경험만이 아니라 생체 의학적으로 '쇠퇴'와 '부패 과정'인 것이다. 이런 이유에서 노년기는 두 개로 분리되기 시작했다. 일반적으로 인생 주기를 1기 유년기, 2기 청·장년기, 3기 노년기로 구분해 왔는데, 고령화에 따른 노년기의 장기화로 인해 3기를 3연령대와 4연령대의 분리된 개념인 영-올드young-old와 올드-올드old-old로 구분하기 시작한 것이다. 3연령대는 소비, 문화적 참여, 여가 추구와 자기 돌봄 등의 키워드로 설명되는 젊은 노년층으로 새롭게 부상하고 있다. 언론 매체는 3연령대를 '신노년층'이라 부르고, '당당한 경제 주체'로 살고 있는 노인들을 소개하면서 노년층에게 활동성과 경제력 등의 자립 능력을 갖추도록 부추긴다. 의존하지 않는 주체적인 인간형을 노인 계층으로 확대하고 이를 권장하면서 사회적 비용을 덜고 소비 시장을 활성화하고자 하는

---

*   김광일, 「노화의 생물학적 원인」, 대한의사협회지, 50.3(2007): 216쪽.

것이다. 이에 부응한 신노년층은 소비 주체임을 포기하지 않는 경제적 능력자로 재조명되고, 백화점의 주요 고객이자 안티에이징을 위해 기꺼이 돈을 지불하는 주요 소비 계층으로 탈바꿈하기 시작했다.

자본주의 사회는 불로장생不老長生의 불로를 장생보다 강조하면서 여러 종류의 항노화 시장을 만들었다. 화장품 광고에 나오는 '20대부터 주름을 관리하세요'라는 카피는 나이 듦 자체를 관리 대상으로 삼은 것이며, '확실한 안티에이징을 하세요'는 본격적인 노화를 일깨우면서 소비자에게 두려움을 팔기 시작한 것이다. 연령에 맞추어 세분화한 화장품은 전문적이고 특화된 느낌을 준다. 각종 영양제와 성형, 시술, 마사지 등도 연령 맞춤의 전문화와 특수화를 지향하면서 가격에 차별을 두고 있다. 이는 어떻게 하면 노후를 더 젊게 이어가고 다른 사람보다 젊게 인식될 수 있는지에 관한 문제에 화장품 회사는 물론 의사와 제약 회사까지 나서서 시장을 확장시키고 있음을 보여준다.

그러나 노년층의 여가 시간이 늘어난 데 비해 활동할 커뮤니티와 그에 필요한 공간 또한 협소하며 활동 범위는 여전히 좁다. 긍정적으로 소비의 주체라고 명명되는 것과는 달리, 사회적으로는 뚜렷한 정체성을 보유하지 못한 것이다. '신노년' 또는 '꽃중년'은 경제력이 있는 노인이 외모 관리, 젊음, 매너를 주체적으로 실천하면서 노년의 기존

이미지인 가난, 고집, 의존 등에서 탈피하고자 하는 맥락에서의 개념화다. 경제력이 있고 활동적인 노년 세대의 일부는 지하철과 버스 무임승차의 대상이 되기를 자발적으로 거부하기도 한다.

최근 금융 자산을 10억 이상 보유한 이들을 대상으로 한 조사에 따르면 70대의 지출 규모가 가장 높은 것으로 나타났다. 그들의 향후 지출 계획을 보면 '문화 및 레저' 지출을 72.2%, '의료비 및 의약품' 지출을 36.9%까지 늘릴 것이라고 답했다. 또한 외모에 관심이 많고 화장품과 의약품 소비에 적극적임이 드러나기도 했다. 늙음의 기술, 웰에이징의 모범이 되고 있는 것이다. 이는 젊음, 건강, 여가, 자기 관리, 어울림, 취미 등에 투자할 충분한 여력이 있어야 가능한 일이다.

어째서 젊고 건강해야 하는가? 젊음과 건강이 밀접하고 젊음이 곧 아름다움이라는 말처럼 아름다움과도 관계되기 때문이다. 젊고 건강하고 아름다우면 타인의 부정적 시선으로부터 자유롭고 아픔으로 인해 내 몸을 의식할 필요가 없어, 사회생활이나 개인 생활에서 정신적으로나 육체적으로나 자유로울 수 있다. 역사적으로는 '미인'과 '젊음'이 칭송받기는 했으나 '젊어야 한다'거나 '건강해야 한다'는 것은 의무가 아니라 거의 운명에 가까운 것이었다. 나이가 들수록 젊음을 유지하기 위한 비용이 늘어나는 것에 대해 마음대로 늙지도 못하는 시대라고 못마땅하게 여기는 사람도 있을 법하다. 예를 들어 염색약과 탈모방지 샴푸는 선택이기보다 필수다. 수백만 병이 팔려 나간 탈모 방지 샴푸는 소비자의 욕망을 충족시키기 위한 것일 수 있으나 그 욕망의 근원은 정작 소비자보다는 자본이나 사회에 있을 가능성이 크다. 평생 게을러지지 못하게 하려는 자본주의와 이를 돕는 의약품의 발명과 함께 노년기가 장기화됨에 따라 노년층에 대한 사회적 기준이 높아지고 있기 때문이다. 노년에 대한 깊은 우려가 노년층에게도, 노년이 되기 전의 세대에게도 숙제처럼 남는 것도 하나의 이유다. 노년층에 대한 관심이 적었던 과거와 달리 현대 노년층은 '잘 늙어야 한다'는 요구를 받는다. 성숙하고 너그러우며 여유롭고 건강한 동시에 자립적이어야 한다는 '잘 늙기'의 기준은 사회적 동의는 물론 노년층의 공감을 불러일으키고 있다. 따라서 '추하지 않게 늙는 법'이나 '제대로 늙는 법'과 관련된 책이 도서 시장을 달구고 있으며, 사람들은 그렇게 되기 위한 미래 설계와 투자에 매달릴 수밖에 없다.

과거 사회학에서는 노인 인구의 '탈참여이론'을 정립하고, 노인의 사회적 탈참여를 전지구적으로 이끌어내었다. 어떠한 사회에서나 노인은 중요한 공적 역할을 그만두고 가족이나 친구들 사이의 좁은 세계로 들어가는 적응의 시기를 맞는다. 이 과정은 개인의 돌연한 죽음으로 그가 맡고 있던 사회적 역할에 공백이 생기는 문제가 발생하지 않도록 하기 위해서나 개인의 심리적 준비를 위해서나 필요하다는 것이다. 이와 같은 개념화는 노인에 대한 편견과 젊은 세대와의 경쟁이 있는 곳에서 나타나는 경향이 있으므로 노인의 탈역할이 일어나지 않는 사회도 있음을 알 수 있다.*

급속도로 증가하는 노령 인구에 관한 문제는 국가와 사회 차원에서도 해결하기 어렵다. 기본적인 경제적·의료적 문제 외에도 일상을 살아가는 개인의 문제가 발생한다. 배우자나 친구들을 떠나보내고 혼자 남아 매일의 일상을 살아가야 하는, 개인의 존재론적 문제가 남는다. 매일 맞이하는 아침이지만 매번 같지 않은 아침이며, 다르지 않지만 다른 방식으로 24시간을 보내야 한다. 그러지 못한다면 노년은 그저 지루하고 무의미할 것이다. 결국 어떻게 살 것인가의 문제를 전면에서 생각해야 하는 시기인 것이다. 여느 때처럼 수동적으로 하루를 보내야 한다면, 수명연장을 의학 기술이 가져온 축복이라고 단정할 수 없을 것이다. 특히 자본주의 사회에서 생활을 위한 비용은 가장 큰 문제며, 60세 이후까지 노동을 이어간다 해도 노년기는 80세와

---

* 고영복, 《사회학사전》, 사회문화연구소, 2000, 395쪽 참조.

90세를 넘어서까지 이어질 수 있다. 이것이 늙어감의 기술에 주력한 도서들이 출판되고 노인 복지를 국가의 큰 숙제로 안고 있는 이유다. 건강하고 생산적이며 우아한 모습으로 늙기 위한 방법을 가르치는 것보다 지금까지 노인 인구가 사회적으로 타자화되었음을 먼저 생각해봐야 한다.

노인의 삶, 노인의 속성은 어떠한가? 85세의 독일 실존철학자 오도 마르크바르트Odo Marquard는 늙은 사람은 거침없이 보고 말하고 쓰며, 자기만의 욕구를 가다듬는 것은 물론 종종 그것에 부끄러움 없이 솔직할 수 있다고 말한다.[*] 미래에 대해 인간이 갖고 있는 환영이 종말을 맞기 때문이라는 것이다. 즉 인간은 미래에 대한 환영을 발전시키고 유지하게 되어 있는데, 늙음의 단계에서는 그것이 사라진다.[**] 나는 이 말에 기대어 젊은 시절의 아버지와 노인이 된 아버지의 변화를 조금은 이해할 수 있게 되었다. 우리는 나이가 들어갈수록 세계와 사물에 대해 종결된 지식과 견해를 고수하려 든다. 대학 때 모였던 초등학교 동창 중 한 명이 마치 세상 이치에 대해 다 안다는 듯이 "야, 다 그런 거야!"라고 했을 때 왠지 나는 크게 놀랐다. '세상 다

[*] 오도 마르크바르트, 《늙어감에 대하여: 유한성의 철학》, 조창오 옮김, 그린비, 2019, 92쪽 참조.

[**] 위의 책, 92쪽 참조.

산 것처럼 어떻게 알지?' 그 나이에는 모든 것을 종결짓는 것이 어울리지도 타당해보이지도 않는다. 지금 이만큼의 나이를 먹어 다시 그런 태도를 마주하게 된다면, 그에게 동의할 수 있을까?

그렇게 오랫동안 너 자신이었던 사람보다 너는 더 나이가 많으니까, 바로 너 자신보다도

너는 더 나이가 많으니까, 그런데도 아직

부재가, 시가, 금이 무엇인지 너는 모르고 있잖아.[*]

나이가 들면서 더 다양한 경험을 추측할 수는 있더라도 나는 그의 태도를 문제 삼을 것이다. 자신의 경험을 내세워 구체성이 떨어지는 앎을 세상의 모든 앎으로 규정한다면 나는 그를 불신할 것이다.

오도 마르크바르트 또한 늙음을 이야기하면서 '이론'을 늙음에 속하는 것으로 정의 내린다. 그는 이론을 더 이상 해야 할 것이 없을 때 사람들이 할 수 있는 것이자 있는 그대로 보고 말하는 것이며, 이론 능력은 환영 없이 있는 그대로 보고 말하는 능력이라고 설명한다. 이론 능력을

---

[*] 아담 자가예프스키, 〈천천히 말해도 돼〉, 《타인만이 우리를 구원한다》, 최성은·이지원 옮김, 문학의숲, 2012, 113쪽.

갖추려면 항상 존재하는 것을, 무엇보다 불편한 것을 거침없이 보고 말할 수 있어야 하는 것이다.* 오도 마르크바르트는 이러한 이론의 속성이 늙음의 속성과 동일하다고 본 것이다. 물론 이것이 늙음 자체의 능력이 될 수는 없다. 이론 능력은 건강한 신체와 정신, 충분한 수입이 있어야 가질 수 있다고 오도 마르크바르트도 인정했다. 그럼에도 이론을 늙음에 비유한 그의 주장은 내 아버지와 《내 슬픈 창녀들의 추억》의 90세 노인을 조금 더 이해할 수 있는 능력을 부여했다. 바로 그것이 나이 듦의 능력이기도 하다. 우리가 무엇을 이해한다는 것은 무엇을 알기 때문이라고 했다. 그러나 알게 되려면 어떤 계기가 필요하다. 독서든 누군가의 말이든 편협하지 않게 읽고 들을 준비가 되어 있어야 한다. 연륜에 의한 자신의 경험을 맹신한다면, 자신이 몸담은 세계는 협소할 수밖에 없다. 이러한 태도는 종결된 나이 듦, 즉 노년에만 한정되지 않는다. 앞서 이야기한 〈애러비〉의 소년이나 20대 시절의 동창처럼 어느 시기든 자신의 앎을 진리라고 고정시킬 위험이 있다.

* 오도 마르크바르트, 앞의 책, 91~93쪽 참조.

현재의 그리고

아무 일 없음에 대한 칭송

인간은 아무것도 하지 않는 것에 대해 불안해하거나 죄책감을 느낀다. 나이가 들고 퇴직한 후에도 일을 놓지 않아야 한다는 이야기가 훨씬 많다. 아무것도 하지 않는다고 해서 아무 동작도 하지 않는 게 아니다. 이때 무엇인가를 해야 한다는 것은 목적지향적인 것에 가깝다. 거의 모든 활동에는 어떤 정량의 목표가 필요하다. 운동할 때는 목표를 정해주는 트레이너가, 다이어트에는 목표 체중이 있다. 건강을 위한 취침 원칙마저 존재한다. 물론 현대인이 발명한 여러 사물 때문에 인간의 활동이 이전과 달라졌다. 습관이 삶을 바꾼다는 등의 자기계발 도서와 애플리케이션, 유튜브는 또 다른 종류의 활동을 유도한다. 읽고 듣고 보아야 할 것은 쌓여 간다.

'잘 쓰면 약이 되고, 잘못 쓰면 독이 된다'는 말처럼 약과 독 등의 중의적 의미를 지닌 '파르마콘Pharmakon'이라는 그리스어는 널리 알려져 있다. 이 단어는 약국 또는 약을 조제한다는 뜻의 영어 '파머시pharmacy'의 어원이기도 하다. 이중적인 단어 파르마콘은 어떤 말 또는 텍스트도 한 가지의 투명하고 명백한 정의만 얻을 수 없다는 사실을 알려 준다. 특히 다양한 매체에서 매일같이 쏟아지는 의료, 다이어트, 식품 영양에 관한 다양한 정보는 혜택이 아닌 혼란을 가중시키는 독이 될 수 있음을 상징적으로 표현할 수 있는 말이기도 하다.

　결국 인간은 어느 순간에도 아무것도 하지 않는 시간을 확보할 수 없다. 휴가를 가는 것도 충동적으로 이루어지지 않는다. 날짜와 시간, 항공편이나 기차편, 점심과 저녁을 먹을 식당과 메뉴를 미리 검색하여 결정하고 예약까지 마친다. 가족이나 친구들로부터 성공적이었다는 말을 들어야만 완벽한 휴가가 완성되는 것이다. 마치 시시포스 Sisyphos의 운명을 타고난 것처럼 계속해서 무엇인가 하고 있다. 그리고 무엇인가 해야 한다는 의식은 나이가 들어가면서도 변하지 않는다. 오히려 더 심화된다. 따라서 아침에 눈을 뜨면 바로 일어나 움직이고, 검소한 식단으로 밥을 먹고, 공원을 걷다가 벤치에 오래 앉아 있는 일상은 상상하기 어렵다. 그날 누군가 "뭐 했어?"라고 묻는다면, "아무것도 안 했어"라고 답할 것이다.

　물론 혼자만의 시간이 극대화되는 것은 바람직하지 않다. 세계가 기술 변화를 겪은 만큼 고령화에 따른 인구변화도 새로운 소통 방식과 상호작용의 형식, 사회적·개인적 삶의 재구성을 요구할 수밖에 없다. 노인들의 삶에 필요한 것을 단순히 늙지 않기, 건강하기, 외모 관리하기 등으로 규정해놓고 그렇게 하도록 애쓰게 하기보다는 노인들에게 신체적인 것을 포함한 여러 욕구가 있다는 사실에 주목해야 한다. 국내 65세 이상의 고령 인구는 2025년 1천만

명에 이를 것으로 예상된다. 이전처럼 늙음을 방치할 수는 없지만, 늙지 않기 위한 노력이 아니라 늙음의 다양한 측면에 주목하는 여러 사회적 담론이 형성되어야 한다.

　내 아버지는 하루가 너무 빨리 간다고 말씀하신다. 그러나 시간은 경험적이다. 어떤 날은 한 시도 쉴 시간이 없지만 어떤 날은 무료하기 이를 데 없다. 전자레인지 앞에 서 있는 3분은 여느 때의 30분보다 길며, 핸드 드립 커피를 내리는 시간 또한 더디게 흐른다. 물을 부어놓고 방에 와서는 커피를 잊어버리는 날도 허다하다. 한편 시간이 아주 많이 필요한 일도 있다. 책상에 앉아 있는 시간은 길지만 실질적으로 작업이 이루어지는 시간은 길지 않다. 워밍업이 필요하며, 한 가지 생각으로 인한 서성거림과 긴 호흡이 필요하다.

　아버지는 분명 스마트폰을 통해 멀리 계신 친지나 친구들과 자주 연락할 수 있게 되었다. 이전에는 주로 TV가 무료한 시간을 달래주었지만, 지금은 TV보다 스마트폰에 훨씬 더 많은 시간을 사용한다. 오프라인보다 온라인이 활성화된 시대이기에 아버지에게는 직접 책을 읽지 않아도 오디오북이 있고, 만나거나 편지를 쓰지 않더라도 화상 전화와 문자가 있으며, 소셜네트워크서비스SNS가 시를 쓰는 공간을 제공해준다. 그렇다고 그것이 바깥 활동을, 이동하거나 여행하기를 원하지 않게 되었다는 의미는 아니다. 디지털 환경은 실제 환경과의 단절이 아니라 인간의 다양한 활동이 증가했음을 의미한다. 아버지도 사람들을 직접 만나 웃고 이야기를 나눌 공간적 여건이 어려운 상황에서 대체 수단을 잘 활용하고 계시다고 할 수 있다. 그러나 여전히 무력감에서 완전히 벗어나지 못하고 있다. 디지털 환경을 통한 활동 또는 놀이로는 허전함이 채워지지 않는 듯하다.

나이 듦의 어디쯤에 늙어감이 있고 늙음 자체가 있다. 하이힐 구두에서 내려오거나 더 이상 테니스 같은 운동을 할 수 없게 되거나 시력과 청력이 서서히 나빠지는 시점이 있다. 이런저런 노화 현상과 질병을 경험해야 한다. 죽음보다 길어진 질병으로 고통받는 시간이 길어졌고, 그 속에서 자신의 몸과 화해하며 더 이상 젊지 않다는 인식 때문에 여러 활동들을 스스로 포기하게 된다.

《내 슬픈 창녀들의 추억》에 등장하는 90세 노인은 입맛을 잃고 살이 빠져 바지를 걸치기도 어려운 지경에 놓인다. 통증은 온몸으로, 뼈 마디마디까지 스며들었고, 기분 또한 자주 바뀌어서 책이나 음악에 집중하기도 힘들었다. 밤엔 잠들기 어려웠고, 낮엔 조는 것이 일과가 되었다. 이는 나이 듦의 절정에 들어선 모습을 묘사하며, 나이 듦과 육체적인 쇠퇴가 깊은 관계를 맺고 있음을 보여준다. 그러나 나이 듦에 부정적인 요소만 있는 것은 아니다. 의무에서 자유로워지고, 세속적인 것에 더는 얽매이지 않으며, 두려운 것이 없어질 수도 있다. 세상 밖으로 나갔음에도 여전히 세상에 얽매여 세상만사를 염려할 수도 있으나 세상 밖에서 세상의 잣대와 무관하게 살아갈 수도 있다. 20세기 초 모더니스트들의 발견처럼 진정한 자기 자신의 내적 움직임에만 마음을 기울일 수도 있는 것이다. 우리 삶의 대부분은 외부 세계와 이어지며, 타자에 의해 관찰된다. 그 외부와 분리되지 않을 정도로 우리 자신조차 외부 세계의 눈을 자신의 눈으로 삼고 의식하며 살아간다. 그리고 표준적으로 살아가기 위하여 《싱글맨》의 조지처럼 분장을 하는 것이다.

세상은 지금까지 대륙, 국가, 민족, 젠더 등에서 어른과 어린이, 노인과 젊은이, 장애인과 비장애인까지 무수히 많은 경계를 설정해왔고, 당연하지 않은 역사 안에서 태어나고 당연한 것처럼 살던 사람들은 어떤 계기로 저항과 투쟁을 일으켜 변화를 만들어왔다. 마찬가지로 노인의 문제는 단지 노인의 범주만이 아니라 대륙, 국가, 민족, 젠더와도 관련을 맺는다. 당연해보이는 인간 문명의 역사는 인간을 존엄한 존재로 부각시켜 왔으며, 그 덕분에 인간답지 못하다고 생각하는 환경에서는 살아가기 어렵게 되었다. 그러나 우리 사회는 이러한 환경을 제공해주고 있다고 보기 어려운 측면이 있다. 이미 가족 안전망이 무너졌음에도 불구하고 국가와 사회는 여전히 가족 이데올로기를 강조하고 있어, 국가와 사회 안전망에 의존할 수 없는 데다 가족 안전망조차 없는 사람들은 혼자서 모든 것을 떠안을 수밖에 없다. 그만큼 피로하며 외롭다. 실존적이고도 사회학적인 문제를 안고 있는 환경에서 이중으로 어렵게 살아가야 하는 인간으로서 혼자 힘으로 자립하는 것은 어려운 문제다.

고독, 가난, 1인 가구로만 노년을 이해하는 방식 때문에 노인 세대는 더욱 고립될 수밖에 없다. 이런 과정은 개인이 경험적으로 알아가는 것이 아니라 사회 전체적으로 이해될 뿐이다. 개인을 넘어 사회 전반적으로 고령화와 노화가 공포로 받아들여지는 것은 이러한 맥락이다. '독거노인 말벗 되어주기'나 '도시락 전달하기'는 노인 세대를 사회적 약자로만 바라보게 만든다.* 일방적으로 주면 받는 대상인 것이다. 이것이 노인을 낮춰 보게 만들고 소통하기 힘든 약자로만 취급하도록 만든다.

따라서 '아무것도 하지 않는다'는 것도 파르마콘처럼 중의적이다. 이 중의적인 텍스트를 어떻게 읽고 해석해야 할까? 쉴 때도 긴장 상태에 놓여 있는 현대인들을 위해

---

* 기사 「틀딱, 연령차별주의를 말하다」-〈주간조선〉 2017년 1월 9일 게재.

앞서 본 것처럼 운동도 다이어트도 타인에 의해 관리되기 시작했다. 쉬지 못하는 현대인들을 위해 스트레스와 감정을 조절하는 호흡법 또한 등장했다. 얼마 전 타의에 의해 시도해본 바이오 도트bio dot는 작은 원형 스티커 한 장으로 내가 긴장한 상태인지 편안한 상태인지를 분별해내는 것이었다. 손등에서 엄지와 검지가 이어지는 지점에 검정색 점 모양의 스티커를 붙여두면 수시로 색이 바뀐다. 보라색, 파란색, 노란색 등등. 몇 시간 후 스티커를 뗄 때까지 내 스티커는 원래의 검정색에서 거의 바뀌지 않았다. 진한 파란색으로 바뀌는 것 같았으나 검정색에 더 가까웠다. 나는 '과도한 긴장 상태'라고 수식된다. 나 같은 사람에게는 호흡에 몰두하는 시간을 따로 정해 놓고 마음을 편하게 하는 훈련이 필요하다는 진단이 내려진다.

이렇게 분주한 현대인들이기에 긴장 상태도 장시간 이어진다. 이런 사람들에게 아무것도 하지 않는 상태는 마치 처방전처럼 필요 사항이 되는가 하면, 목적이 없는 이들에게는 바람직하지 않은 상태에 속한다. 무기력과 권태는 정신건강에 해롭기 때문이다. 노년기에 젊게 사는 법에 적당한 활동과 인간관계, 사회봉사 등이 포함되는 것은 이러한 이유에서다. 그러고 보면 우리 사회에는 '방법'에 대한 것들이 난무한다. 유감스럽게도 노년기를 어떻게 보낼 것인가에 대한 방법은 대개 개인적인 노력을 요구하는 것들이다. 우리 사회는 아직 다양한 모습의 개인들에게 노년기를 보내는 방법을 안내해줄 제대로 된 가이드라인을 설계하지 못했다. 결국은 개인에게 책임을 묻는 방식의 '자유'를 주거나 '제대로 늙기'를 강요할 따름이다.

아버지는 아무것도 할 수 없음에 대해 항상 불만을 가졌지만 어떻게 해야 할지 몰랐고, 나로서도 어떻게 해드려야 할지 알지 못한다. 무엇인가에 몰두하는 일은 쉽지 않은 듯 보인다. 과한 운동은 관절에 무리가 되고, 독서는 잠이 오며, 시를 쓰는 것은 썩 잘되어가지 않는 눈치다. 대부분의 시간을 친구분들과 SNS를 하거나 뉴스와 정치 토론을 시청하는 데 사용한다. 지역 단체에서 운영하는 노년층 대상의 붓글씨 클래스는 세계적 감염병 대유행*으로 무기한 중단되었다. 80세가 넘으셨지만 여전히 운전을 하고, 바로 한 세대 전에 아버지의 부양과 어머니의 밥상을 받으셨던 할아버지와는 다른 위치에 있다. 아직도 자기 삶을 주도해야 한다고 생각하시지만 여의치 않은 현실 때문에 불행감과 우울감을 겪으신다는 점에서 할아버지 세대에 비해 더 행복하다고 말할 수 있을지 의문이다.

---

*   2020년 1월 말부터 유행하여 전 세계로 퍼진 코로나바이러스 감염증19(COVID-19).

삶을 잇기

개인의 삶은 사회학자 게오르크 짐멜Georg Simmel 이 말하는 근대 이후 개인성의 특징에 따라 자유롭게 혼자 도시를 향유할 수 있을 만한 것이 되었다. 서로에게 관심을 갖거나 방해받을 필요 없는 자유가 개인에게 허락된 것이다. 그러나 인간의 삶은 유한하다. 유한한 인간의 시간성은 무한한 세계의 시간성에 비하면 하찮을 정도로 짧다. 오도 마르크바르트가 주장하는 '동료적 다多시간성'은 어째서 타인의 삶이 나의 삶과 무관할 수 없는지를 보여준다. 그에 따르면 동료와 함께 시간을 보내는 것은 현재 가진 것보다 더 많은 시간을 가질 가능성을 제공한다. 공유한 시간은 다양한 시간이기 때문인데, 수많은 동료와 함께 시간을 보내면 그만큼 다양한 경험을 하게 되고 인간성 또한 상승한다.[*] 자기 경험의 한계를 동료의 경험과 나누면서 확장하게 된다는 것이다. 동료의 경험을 통해 나의 세계가 확장된다는 것 자체가 개인이 가질 수 있는 시간의 한계 상황을 역설적으로 보여준다. 젊은 시절 새털같이 많을 것 같았던 시간은 어째서 나이 들수록 적다고 느끼는 것일까? 사실 자신의 수명을 정확히 알 수 없음에도 말이

---

[*] 오도 마르크바르트, 《늙어감에 대하여: 유한성의 철학》, 조창오 옮김, 그린비, 2019, 68쪽 참조.

다. 정말로 세상 밖으로 떠밀리는 느낌을 받기 때문일까? 아닐 것이다. 어디에서나 반사되는 자신의 얼굴, 그리고 육체 때문이다. 아픈 경험을 하지 않더라도 얼굴은 스스로도 낯설 정도로 나이 든 얼굴을 비춘다. 몸은 기능적으로는 물론 피부이 변회를 보여주는데, 이러한 시각적인 것들이 예전과는 다른 나를 총체적으로 파악하도록 만든다. 주민번호와 같은 정보에 대한 타인의 반응에 의해 나는 나를 나로 인식하는 데에 한계를 겪는다. 이때의 나는 '나'와 어떻게 다른가? 나는 어떤 본질의 나를 담보하는가? 나는 내가 아는 내가 맞는가? 내가 알지 못하는 나의 모습이 타인에게서 발견되고 상대가 그에 반응할 때 나는 그런 나를 어떻게든 방어한다. 나는 그대로 나이 들지 않는 것이다. 나는 세월과 환경에 의해 여러 면면을 지니게 되었으며, 그래서 인생 주기의 초반에 만난 사람과 중·후반에 만난 사람에게 각각 다른 태도와 말을 통해 나를 표현한다.

　　개인에게 집중하고 양방향적인 성격을 지닌 디지털 환경은 개인에게 새롭고 확장된 삶을 형성하게 만든다. 디지털 환경이 현실이 아니라는 주장은 더 이상 유의미하지 않다. 하지만 현실과 디지털 환경이라는 멀티 시대에 살고 있는 만큼, 온라인과 오프라인 양쪽에서 의사소통이 '멀티'하게 가능해야 하는 것은 마땅하다. 상처받지 않기 위하여 관계 형성을 축소하거나 대면을 통한 관계를 기피한다면, 디지털 환경에서만 살아남을 수 있다. 대면하여 일어나는 갈등, 말다툼은 관계의 종식이 아니다. 장애물일 따름이다. 장애물을 뛰어넘어야만 자신의 세계를 확장할 수 있다. 멀티한 세계를 활용하는 방법은 디지털 환경에만 숨는 것이 아니다. 인생의 모든 주기에서, 나이가 들어갈수록 그렇게 해야만 피터 팬같이 웬디의 딸과 그 딸의 딸을 엄마로 삼는 일을 그만둘 수 있다. 모든 시기마다 만나는 타인의 다름을 알고, 그들의 삶을 공유하는 것이 개인의 선형적 삶에 다양한 양분을 공급할 수 있는 길이다.

나이 드는 순간순간이 살아 있음의 기호다. 순간을 덧댄 삶이 이어진다. 살아 있음을 긍정한다기보다는 익숙한 것 속에 있다는 의미이다. 이어지는 순간에 삶을 의미 있다고 할 것인가, 의미 없다고 할 것인가? 우리가 해서는 안 될 행동을 한 누군가를 비난할 때, '내가 그 사람이어도 그랬을까?'라고 가정하여 비교하는 것은 옳은가? 다른 사람 이야기를 쉽게 해서도, 나는 절대 그 사람처럼 행동하지 않았을 것을 확신해서도 아니다. 그 행동 자체가 옳지 않음을 알고 있다는 자기 검열에서의 비난이다. 우리가 어찌어찌 하여 그 사람처럼 행동했다면, 그 행동에 대한 책임으로 처벌을 받아야 한다는 것이다. 그것을 인식하는 것이 어른이며, 옳게 나이 들어가는 것이라고 할 수 있다.

나는 앞에서 나이 듦을 둘러싸고 수식되는 신체적 증

상, 질병, 마음, 매너 등을 이야기했다. 나이 들수록 인간은 고독에 더 가까이 가며, 경제적 빈곤과 육체적 허약을 훨씬 크게 경험하고, 마침내 죽음에 가까워진다. 이러한 해석은 죽음을 나이 든 몸에서 일어나는 것으로만 바라보기 때문이다. 죽는다는 것은 존재의 마지막 지점에 도달하는 것이 아니며, 존재의 매 순간에 종말이 가까이 있다는 에마뉘엘 레비나스Emmanuel Levinas의 말을 상기해야 한다. 그는 죽음이 그 존재의 한 순간이 아니라 존재하자마자 떠맡게 되는 존재 방식이라고 했다. '존재해야 함'이라는 방식은 또한 '죽어야 함'을 의미하는 것이다.*

그러므로 죽어야 할 존재 방식에서 순간을 사는 것만이 진리다. 죽음은 예상치 못한 순간에 나를 후려칠 수도 있다. 짐 크레이스Jim Crace의 소설 《그리고 죽음》(1999)의 셀리스와 조지프처럼 새로운 출발의 순간에 사고로 죽음이 닥칠 수도 있다. 따라서 지금 현재는 한 순간에 이어진 다른 순간이며, 미래의 삶은 그렇게 해서 지속된다. 그 지속이 가능한 만큼 나이를 먹으며, 삶의 형태가 만들어진다. 따라서 삶의 한 가운데에서 어떤 하찮은 것들이 나를 '찌를' 수 있을 것이다.** 《그리고 죽음》에서 삶은 죽음으

---

* 에마뉘엘 레비나스, 《신, 죽음 그리고 시간》, 김도형·문성원·손영창 옮김, 그린비, 2013, 69쪽 참조.

로 이어지며, 그 과정에 죽어가는 육체가 놓여 있다. 마침내 죽은 육체는 모든 생물의 먹이가 된다. 이후 폐기물 이상의 것이 아닌 물질은 셀리스와 조지프의 딸 실비에게 하찮았던 삶에의 강렬한 의미, 즉 삶의 의지가 된다. 삶은 개인의 순간과 순간들이 이어진 지속이며, 세대에서 세대로 이어진다.

장 그르니에의 《섬》 마지막 장은 인생의 어떤 시점에 다가서게 되면 깨닫게 되는 현실 감각에 대해 이야기한다. 더 이상 미지의 세계를 향한 여행과 둘시네아Dulcinea*** 와 같은 이상적인 여인을 찾아 헤매는 일 따위가 덧없으니, 발 딛고 있는 지금 여기에서 대신할 만한 것들을 찾아야 한다는 것이다. 체념으로 읽혀 눈물짓게 할 수도 있는 이 구절이 우리가 인생을 어떻게 살아야 하는지 전적으로 보여준다고 할 수는 없다. 나는 이 아름다운 책에서 겸손함을 배울 뿐 체념하지는 않는다. 우리는 무한 반복하는 삶을 살아간다. 무한 반복의 움직임과 타인의 말 속에서, 상처

**   롤랑 바르트, 《카메라 루시다》, 조광희 옮김, 열화당, 1998, 51쪽 참조.

*** 돈키호테의 환상 속에 있는 여인. 돈키호테가 사는 마을 근처의 아리따운 처녀 농부였으나 돈키호테는 그녀를 원래 이름 알돈사 로렌소Aldonza Lorenzo가 아닌 공주나 귀부인에게 걸맞을 둘시네아 델 토보소Dulcinea del Toboso라고 지어 불렀다.

입고 상처 입히며 세상을 뒤덮는다. 우리는 무한 반복하는 엇비슷한 행동과 말 속에서 살아간다. 아무것도 하지 않는 채로 존재하는 것이 아니다. 발전해야 한다는 강박관념에 빠질 필요는 없다.

그렇다고 해서 마무리하듯이 종결할 필요도 없다. 결국 삶이란 순간들이 이어지는 것이며 그것으로 시간이 지속되기 때문이다. 지난봄에 어린 시절부터 알고 지낸 친구를 만났다. 초등학교 3학년 때 집 앞 놀이터에서 만난 뒤로는 평생을 이어온 친구다. 교사인 그녀는 종합건강검진에서 암이라는 진단을 받았고, 학교에 알리며 휴직 신청을 했다. 종합병원에서 재검사를 받고 결과를 기다리기까지 마침 방학 일정에 맞춰 예약해둔 곳으로 여행을 떠났다. 암 치료를 거부하거나 투병하지 않겠다는 것이 아니라 그 과정에서 예전과 같은 일상생활은 불가능할 것이라는 예감 때문이었다. 의사도 사진만으로는 암으로 보이며, 과정은 고통스럽겠지만 치료할 수 있다고 했다. 그때 친구가 떠올린 일이라고는 개인 소지품과 집안 살림을 정리하는 것이었고, 필요한 사람들에게 줄 만한 것들을 닦아서 포장하는 것이었다고 한다. 그리고 여행을 떠났다가 돌아왔다. 담당 의사는 암이 아니라고 했다. 오진이었던 것이다. 친구가 내게 했던 말은 주방용품들이 다시 필요해졌다는 것이며, 일도 마찬가지였다. 친구는 휴직 신청을 취소했으며, 장을 보고, 다시 음식을 만들었다. 살아 있는 한 일상 세계는 지속된다.

인명 설명

마르크 오제Marc Augé(1935~)

'비장소'라는 현대 사회의 새로운 장소성을 논한 프랑스의
인류학자다. 노년에 대한 저서 《나이 없는 시간: 나이 듦과
자기의 민족지》에서 어느 연령에서나 나이에 대한 문제를
경험하며, 노년이라는 것이 과거에 일어난 일들을 순서대로
쌓은 시간의 축적물이 아니라고 했다. 인간은 어떤 기억에
머물러 죽게 되는데, 대부분 어린 시절의 이미지라는 점에서
모두 젊은 채 죽는다고 하기도 했다.

요한 하위징아Johan Huizinga(1872~1945)

중세와 르네상스기의 역사에 업적을 남긴 네덜란드의 학자다.
14세기와 15세기 프랑스와 네덜란드의 생활상을 다룬 역사서
《중세의 가을》(1919)의 저자이며, 문화가 어느 정도까지 놀이의
특징을 지니고 있는지를 탐구한 《호모 루덴스: 놀이하는
인간》(1938)을 썼다. 이 책에서 그는 진지함의 세계에서 벗어나
놀이의 세계로 들어갈 때 문화가 더욱 강력하게 추진된다고
보았다.

지그문트 바우만Zygmunt Bauman (1925~2017)

폴란드 출신의 사회학자로, 현대 사회의 유동성과 인간의
조건을 분석하는 '액체 근대Liquid Modernity' 시리즈로
유명하며, 《자유》(1988), 《근대성과 홀로코스트》(1989),
《쓰레기가 되는 삶들》(2003) 등의 저서가 있다.
《자유》(1988)에서는 명백하고 분명하다고 생각하는 것이
사실은 그렇지 않다는 것에 대해 논하면서, 자유라는 것이 아주
모호한 것임을 보여준다. 자유란 자신의 동기에 따라 행위하고
그 행위에 책임지는 존재에 대한 것으로, 현대 사회에서의
자유란 소비자로서의 자유로 구성되고 있음을 보여준다.

알랭 바디우Alain Badiou (1937~)

프랑스 철학자로, 철학을 가능하게 하는 조건으로 진리를
생산하는 절차에 정치, 과학, 사랑, 예술을 올려놓았다. 그는
낭만적 사랑을 비판하면서 사랑을 융합이 아니라 '둘'이라는
차이의 경험을 통해 진리를 구축하는 것으로 바라본다. 저서로는
《사랑과 예술과 과학과 정치 속에서》(1988), 《철학을 위한
선언》(1989), 《조건들》(1992), 《사랑 예찬》(2009) 등이 있다.

주디스 버틀러Judith Butler(1956~)

미국의 정치 이론가이자 젠더 이론가로, 퀴어 이론의
창시자이자 후기구조주의 이론가이기도 하다. 저서로는
세계적으로 이름을 알린 《젠더 트러블Gender Trouble》(1990)과
《불확실한 삶Precarious Life》(2004), 자기를 설명하려는 주체는
사실은 설명할 수 없음을 인정해야 한다는 《윤리적 폭력 비판:
자기 자신을 설명하기》(2005) 등이 있다. 이 책에서 주디스
버틀러는 나는 나의 행동으로만 설명되지 않고 남아 있는
타자의 자국 때문에 나를 부분적으로밖에 설명할 수 없으며,
나의 행위에 대해 설명하는 과정에서 언어는 투명할 수 없는
부분들을 강제한다는 점을 보여준다.

오도 마르크바르트Odo Marquard(1928~2015)

독일의 실존철학자로, 인간의 오류 가능성, 우연성, 유한성의
측면에 초점을 두고 있다. 《늙어감에 대하여: 유한성의
철학》(2013)에서 그는 인간이 자신의 선택이라기보다는
우연의 산물임을 주장하며, 유한한 생애를 지닌 인간으로
태어나서 결국 더 이상 긴 미래를 기대하지 못하는 늙음에
이른다고 본다. 그는 늙음을 가차 없이 나쁜 것으로 바라보면서
자신의 빛을 잃어버리는 시점이면서도 허영심은 놀랄 정도로
지속된다고 지적했으며, 늙음이 인간적인 모든 것의 깨어짐,
비지속성, 공허함을 보여준다는 점에서 인생에 대한 환멸적인
통찰을 보여준다.

참고문헌

가브리엘 가르시아 마르케스, 《내 슬픈 창녀들의 추억》,
송병선 옮김, 민음사, 2005.

가브리엘 가르시아 마르케스,
《아무도 대령에게 편지하지 않다》, 송병선 옮김, 민음사, 2018.

마르크 오제, 《나이 없는 시간: 나이 듦과 자기의 민족지》,
정현목 옮김, 플레이타임, 2019.

발트라우스 포슈, 《몸, 숭배와 광기》, 조원규 옮김,
여성신문사, 2004.

아니 에르노, 《한 여자》, 정혜용 옮김, 열린책들, 2012.

알랭 바디우, 《조건들》, 이종영 옮김, 새물결, 2006.

알베르 까뮈, 《안과 겉》, 김화영 옮김, 책세상, 2000.

알폰소 링기스, 《낯선 육체》, 김성균 옮김, 세움, 2006.

에마뉘엘 레비나스 지음, 자크 롤랑 엮음,
《신, 죽음 그리고 시간》, 김도형·문성원·손영창 옮김,
그린비, 2013.

오도 마르크바르트, 《늙어감에 대하여: 유한성의 철학》,
조창오 옮김, 그린비, 2019.

요한 하위징아, 《호모 루덴스: 놀이하는 인간》, 이종인 옮김, 연암서가, 2011.

움베르토 에코, 《추의 역사》, 오숙은 옮김, 열린책들, 2008.

잉게보르크 바흐만, 《삼십세》, 차경아 옮김, 문예출판사, 1995.

주디스 버틀러, 《윤리적 폭력 비판: 자기 자신을 설명하기》, 양효실 옮김, 인간사랑, 2013.

지그문트 바우만, 《자유》, 문성원 옮김, 이후, 2002.

배반인문학

나이 듦

1판 1쇄 발행 2021년 5월 21일

지은이 · 최은주
펴낸이 · 주연선

총괄이사 · 이진희
책임편집 · 한재현
표지 및 본문 디자인 · 박민수
마케팅 · 장병수 김진겸 이선행 강원모 정혜윤
관리 · 김두만 유효정 박초희

(주)은행나무
04035 서울특별시 마포구 양화로11길 54
전화 · 02)3143-0651~3 | 팩스 · 02)3143-0654
신고번호 · 제 1997—000168호(1997. 12. 12)
www.ehbook.co.kr
ehbook@ehbook.co.kr

잘못된 책은 바꿔드립니다.

ISBN 979-11-6737-025-9 (04100)
ISBN 979-11-6737-005-1 (세트)